Découvrez l'histoire par les archives de presse

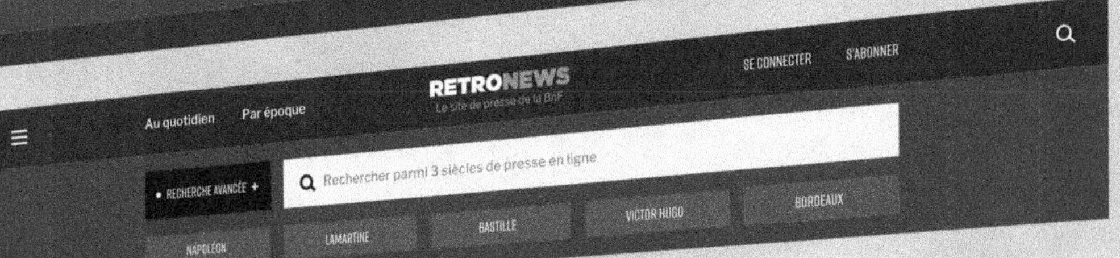

RETRONEWS

Le site de presse de la BnF

www.retronews.fr

SOCIÉTÉ

HISTORIQUE ET SCIENTIFIQUE

DES DEUX-SÈVRES

SOCIÉTÉ
HISTORIQUE ET SCIENTIFIQUE
DES
DEUX-SÈVRES

MÉMOIRES

11e Année — 1915

NIORT

AU SIÈGE DE LA SOCIÉTÉ

RUE DU MUSÉE

1915

MÉMOIRES

LISTE DES MEMBRES

DE LA

SOCIÉTÉ HISTORIQUE ET SCIENTIFIQUE DES DEUX-SÈVRES

ANNÉE 1915

Membres d'honneur { M. le Préfet des Deux-Sèvres. M. le Maire de Niort.

Conseil d'administration :

MM. Em. Breuillac, *président* ;
H. Gelin, L. Toutant, *vice-présidents* ;
A. Farault, *secrétaire* ;
Abbé S. Longer, *secrétaire-adjoint* ;
R. Guyet, *trésorier* ;
Autres membres : MM. Aimé, Alix, Galteaux.

Membres titulaires résidants

MM. Aimé (Alphée), ✠, expert, rue des Aires, 15.
Alix, clerc de notaire, avenue de la Rochelle, 87.
Besson-Léaud (Théophile), ✠, avoué, Petite-rue Notre-Dame, 10.
Bizard (Edmond), O. ✠, chef de bataillon du génie en retraite, avenue de Limoges, 1.

MM. Bizard (Victor), avocat, rue des Douves, 68.

Bouneault (Prosper), I., propriétaire, avenue de la Rochelle, 62.

Bourdeau (Edouard), A., constructeur, rue de la Comédie, 4.

Brandet (Abel), avoué, rue du Palais, 15.

Breuillac (Emile), A., licencié en droit, maire de Saint-Liguaire, avenue de Limoges, 8.

Buzy, architecte, avenue de la Rochelle, 39.

Canal (Séverin), archiviste départemental, rue du Rempart, 94.

Cayer (Alfred), constructeur-mécanicien, rue Paul-François-Proust, 55.

Cayer (Luc-Alfred), A., constructeur, rue Barra, 1.

Chaumier (Camille), notaire, Grand-rue Notre-Dame, 9.

Chébrou (Albert), imprimeur, rue Yver, 5.

Clerc (Gabriel), inspecteur des enfants assistés, rue Saint-Gelais, 38.

Clouzot (Georges), imprimeur-éditeur, rue Chabaudy, 48.

Cocuault (Eugène), négociant-tailleur, rue Ricard, 33.

Corbin (Etienne), I., docteur-médecin, rue de la Préfecture, 4.

Deladouespe, propriétaire, avenue de la Quintinie, 14.

Demay (Henri), licencié en droit, rue Yver, 10.

Desaivre (Dr Léo), I., ancien conseiller général, rue Jean-Jacques-Rousseau, 12.

Dupouy-Lauga (Roger), propriétaire, avenue de Paris, 91.

Fallourd (Emile), A., docteur en pharmacie, place des Halles, 12.

Farault (Alphonse), A., bibliothécaire-adjoint de la ville, rue Taury, 28.

MM. Galteaux (Paul), rue du Quatorze-Juillet, 51.

Geffré-Main (Théophile), ancien juge au tribunal de commerce, boulevard Main, 68.

Gelin (Henri), ✸ I., publiciste, rue Beaune-la-Rolande, 16.

Girard (Georges), propriétaire, rue Chabaudy, 16-18.

Giraudeau-Laurent (Jules), ✸ I., professeur de dessin, avenue de Paris, 230.

Gondinet, inspecteur des Domaines, rue des Piques, 31.

Guyet (René), ✸ A., publiciste, rue Yver, 1.

Lacroix (Joseph), chirurgien-dentiste, rue Thiers, 4.

Leroux (Théobald), contrôleur principal en retraite, rue Saint-Gelais, 92.

Longer (Abbé), ✸ A., professeur à Niort et à Availles-sous-Châtellerault (Vienne).

Marchand (René), négociant, avenue Jacques-Bujault, 16.

Marmuse (Gustave), ✸, propriétaire, avenue Saint-Jean, 58.

Marot (Emile), O. ✸, ✸ A., C. ✸, conseiller général, avenue de Limoges, 64.

Moulineau, Directeur de l'imprimerie Niortaise, rue Basse, 27.

Paty de Clam (du), lieutenant au 7e hussards, rue Jean-Migault, 11 *bis*.

Pillet (Charles), ✸, ✸ A., médecin en chef honoraire de l'Hôpital-Hospice, rue Saint-Gelais, 58.

Queuille (Georges), ✸, ✸ I., pharmacien, rue de la Gare, 19.

Riffaud (Albert), ✸ I., ✸, ingénieur, avenue de la République, 7.

Roffignac (de), lieutenant au 7e hussards, à Belle-Ile, près Niort.

Mme Van der Cruyssen, propriétaire, rue de la Motte-du-Pin, 16.

Membres titulaires non résidants

MM. ALLARD (Eugène), ancien instituteur, à Menigoute.

BATY (Ernest), instituteur, à Cerzeau, par Azay-le-Brûlé.

BAUFINE (Georges), notaire, à Parthenay.

BAUGIER (André), avocat, 6, place de la Sorbonne, à Paris.

BEAUCHET-FILLEAU (Paul), à Chef-Boutonne.

BOUGOUIN, ✳, ancien préfet, ancien trésorier-payeur général des Deux-Sèvres, au château de Chailloux, par Chey (Deux-Sèvres).

BOURDEAU (Abbé), curé-doyen de Frontenay-Rohan-Rohan.

CHATEAU (Papion du), propriétaire à Cherveux.

CLAIRVAUX (De), propriétaire à Vitré.

DEMELLIER (Abbé), curé de Saint-Etienne-la-Cigogne.

DESCHAMPS (Gaston), O. ✳, homme de lettres, conseiller général, 15, rue Cassette, à Paris.

GABILLAUD, ✵ A., ✦, instituteur public à Moulins (Deux-Sèvres).

GAMBIER, notaire, à Fontenay-le-Comte.

GILLARD, à Loubillé (Deux-Sèvres).

GIRAUDIAS, ✵ I., ancien conseiller général, ancien maire de la Mothe-Saint-Héray.

GUILLEMET, à Fenioux (Deux-Sèvres).

LAMY, docteur-médecin, à Melle.

LEROSEY, chanoine honoraire, curé de Saint-Hilaire de Loudun.

LÉVESQUE (Ernest), propriétaire, à Saint-Maixent.

LUCAS, maire d'Auzay, par Fontenay-le-Comte (Vendée).

MAILLARD (Th.), ✵ A., pasteur, à Salles.

MERCIER (Jacques), élève de l'Ecole nationale des chartes, 5, rue Fourcade, Paris.

MICHAUD (Abbé), curé de St-Maurice-la-Fougereuse.

MM. Morin (Abbé), chanoine honoraire, curé-doyen de la Mothe-Saint-Héray.

Pétiet (Henri), propriétaire, au Mazuray, par Menestreau-en-Villette (Loiret).

Prouhet, docteur-médecin, à la Mothe-Saint-Héray.

Proust (Eugène), ✻, ancien conseiller général, à Frontenay-sur-Dive (Vienne).

Puichaud (Casimir), ancien conseiller général, à Moncoutant.

Redien (Théophile), à Augé.

Sainvet fils (A.), négociant, 67, rue de la Croix, à Saint-Maixent.

Souché (Baptiste), ⚜ I., président de la Société botanique des Deux-Sèvres, à Pamproux.

Toutant (Louis), ⚜ A., ancien sous-préfet, avocat, à Vallans.

Turpin (Georges), ⚜ I., collectionneur, à Parthenay.

Veillet (Alphonse), instituteur, à Aziré de Benet.

Membres correspondants

MM. Besse (Dom), directeur de la Revue des archives de la France monastique, à Chavetogne, par Leignan (Belgique).

Uzureau (F.-C.), aumônier des prisons, à Angers.

SOCIÉTÉS SAVANTES

avec lesquelles la Société historique et scientifique échange ses publications

Aisne. — Société archéologique de Château-Thierry.

Allier. — Société d'émulation du Bourbonnais, à Moulins.

— Revue scientifique du Bourbonnais et du centre de la France, à Moulins.

Aude. — Société d'études scientifiques de l'Aude, à Carcassonne.

Calvados. — Société des beaux-arts de Caen.

Charente. — Société historique et archéologique de la Charente, à Angoulême.

Charente-Inférieure. — Société des sciences naturelles de la Charente-Inférieure, à la Rochelle.

— Société des archives historiques, à Saintes (Revue de Saintonge et de l'Aunis).

— Société archéologique de Saintes (Commission des arts et monuments).

Creuse. — Société des sciences naturelles et archéologiques de la Creuse, à Guéret.

Gard. — Société d'études des sciences naturelles du Gard, à Nîmes,

Garonne (Haute-). — Société archéologique du midi de la France, à Toulouse.

Hérault. — Société archéologique de Montpellier.

— Société archéologique, scientifique et littéraire de Béziers.

— Société d'études des sciences naturelles de Béziers.

Ille-et-Vilaine. — Société scientifique et médicale de l'Ouest, à Rennes.

— Annales de Bretagne, à Rennes.

Indre-et-Loire. — Société archéologique de Touraine, à Tours.

— Société d'agriculture, arts et belles-lettres, à Tours.

Loir-et-Cher. — Société des sciences et lettres, à Blois.

Loire-Inférieure. — Société des sciences naturelles de l'Ouest de la France, à Nantes.

— Société archéologique de la Loire-Inférieure, à Nantes.

Loiret. — Société d'agriculture, belles-lettres, sciences
et arts, à Orléans.

Maine-et-Loire. — Société nationale d'agriculture, sciences et arts d'Angers.

— Société d'études scientifiques d'Angers.

Marne. — Académie nationale de Reims.

Morbihan. — Société polymatique du Morbihan, à Vannes.

Pas-de-Calais. — Société académique de l'arrondissement
de Boulogne-sur-Mer.

Pyrénées (Basses-). — Société des sciences, lettres et arts
de Pau.

Rhône. — Société d'agriculture, sciences et industrie de
Lyon.

— Académie des sciences, belles-lettres et arts
de Lyon.

Rhône (Bouches-du-). — Société de statistique de Marseille.

Seine. — Société des antiquaires de France.

— Société d'anthropologie de Paris.

— Société des traditions populaires (Paris, Palais
du Trocadéro).

Sarthe. — Société historique et archéologique, au Mans.

Savoie. — Société d'histoire naturelle de Chambéry.

Seine-Inférieure. — Académie des sciences, belles-lettres
et arts de Rouen.

— Société havraise d'études diverses,
au Havre.

Sèvres (Deux-). — Société botanique des Deux-Sèvres, à
Niort.

— Société de vulgarisation des sciences,
à Niort.

Vendée. — Revue du Bas-Poitou, à Fontenay-le-Comte.

Vienne. — Société des antiquaires de l'Ouest, à Poitiers.

Vienne (Haute-). — Société archéologique et scientifique
du Limousin, à Limoges.

Yonne. — Société des sciences historiques et naturelles
de l'Yonne, à Auxerre.

— Société archéologique de Sens.

SOCIÉTÉS ÉTRANGÈRES

Belgique. — Revue Mabillon, à Chavetogne par Leignan.
Etats-Unis. — United states geological survey, à Washington.
— Smithsonian Institution, à Washington.
— Académie des sciences naturelles de Philadelphie.
— Botanical Garden, à Saint-Louis (Missouri).
Suède. — Kougl-Vittherets, historic och antiquitets akademiens, à Stockholm.
Suisse. — Société Neufchâteloise de géographie, à Neufchâtel.

II. — MÉMOIRES

L'ABBAYE D'ENSION

OU DE

SAINT-JOUIN-DE-MARNES

AVANT-PROPOS

Nous avons vécu un peu dans le passé, pour nous consoler des tristesses du présent. De notre étude sur le passé est sortie cette histoire de l'abbaye d'Ension ou de Saint-Jouin-de-Marnes.

Cette étude nous a beaucoup intéressé, car il est bon de voir de près les hommes de vertu, de caractère et d'intelligence. Si l'institution monastique eut son déchét et ses relâchements, la réforme de Saint-Maur a tout relevé.

En écrivant ces pages, nous avons voulu acquitter en partie la dette de reconnaissance que nous avons contractée envers Saint-Jouin-de-Marnes pour prix des pures jouissances qu'il nous a données.

Abbé A. LEROSEY.

L'ABBAYE D'ENSION

OU DE

SAINT-JOUIN-DE-MARNES

CHAPITRE PREMIER

Les Origines

PÉRIODE PRÉHISTORIQUE. — GAULOISE. — GALLO-ROMAINE.
— VOIES ROMAINES. — MOUTERRE. — LA « GENS MÁXIMA ».
— SAINT MAXIMIN. — SAINT « JOVINUS ». — VIE MONAS-
TIQUE. — ENSION. — PREMIÈRE ÉGLISE D'ENSION.

A la sortie de la petite ville de Moncontour, lorsque le voyageur prend la route de Saint-Jouin-de-Marnes, il voit surgir à l'horizon l'église de l'ancienne et puissante abbaye qui a donné son nom à la bourgade. Saint-Jouin-de-Marnes est coquettement assise sur une colline qui limite une longue plaine et domine la vallée de la Dive. Ce bourg, du canton d'Airvault, à neuf kilomètres de cette ville, appartient au département des Deux-Sèvres.

La commune compte 1171 habitants et l'étendue de son territoire est de 2275 hectares.

Ension est le nom primitif de la localité. La contrée dut être habitée, dès l'époque la plus reculée, à la période paléolithique et néolithique. La première est celle de la pierre grossièrement taillée, la seconde celle de la pierre polie. Les haches de pierre taillée ou polie servaient aux peuplades primitives contre les exactions de leurs voisins et la férocité des animaux sauvages.

Ce n'étaient probablement autrefois que forêts qui couvraient la Gâtine et les marécages qui bordent la Dive et le Thouet. Les habitants d'alors, *Ambiliates*, selon M. de Longuemar, ou *Pictons*, du *Pagus Lausdunensis* (Loudunais), ont laissé certains vestiges dans la région.

Sur une hauteur, en face du village de Noizé, on trouve deux pierres énormes, posées au sommet de la butte, et qu'on nomme pierres d'Epinais. La plus grosse est inclinée vers l'Est, et du côté qu'elle touche la terre, à l'Ouest, trois petits supports très faibles la maintiennent à 1ᵐ50 du sol. Cette pierre a une longueur de 4 mètres sur une largeur de 3 mètres et une épaisseur de 4 mètres. Quant à la plus petite (3ᵐ50 de long sur 1ᵐ80 de large), elle n'est pas soutenue, et en partie du côté nord elle s'enfonce dans la terre. Il ne semble pas que ces demi-dolmens soient le résultat de l'affaissement de dolmens complets.

La période gauloise est représentée à Louin, sur les bords du Thouet, par le *sepulcrum* gallo-romain décrit par le R. P. de La Croix, S. J.

Puis vient l'invasion romaine. Ension fut traversé par deux grandes voies, celles de Poitiers *(Limonum)* aux Ponts-de-Cé ou Angers *(Juliomagus)*, et celle de Poitiers à Nantes *(Condivincum, Portus Nannetum)*. Ces deux routes se croisaient à Ension et constituaient les deux voies principales de tout le sud armoricain.

Certains auteurs supposent qu'un camp romain s'élevait sur l'emplacement actuel de Saint-Jouin. Le nom conservé de Châteaux au pied de la colline en garde le souvenir. Peut-être était-il plutôt établi sur la butte de Pront, du côté de l'Orient, entre Irais et Noizé, à 1.500 mètres environ du village de Châteaux. Ce châtelier dut être formé, vers le ive siècle, par les légions romaines. Un nombre assez restreint de colons-soldats y logeaient avec leurs familles et étaient chargés de veiller sur les peuplades de la région, Ambiliates ou Pictons, encore assez remuantes. Ce camp servait surtout à protéger les habitants contre les descentes des pirates et les insurrections des Bagaudes (1).

La voie romaine de Poitiers à Nantes traversait Marnes et passait devant l'église de Saint-Jouin. Le chemin de Saint-Hilaire, qui traverse la plaine de Noizé, est une partie de l'ancienne voie romaine. Partant de la *Croix-Maurice*, il se confond pendant quelque temps avec la route actuelle de Saint-Jouin à Thouars, mais bientôt il s'en sépare à gauche pour passer auprès de la butte de Pront.

Au ive siècle, Ension va devenir célèbre sous les noms que la postérité lui donnera : Ensio, Enixio, Enessio, Hensio, Ansio (2). Cette solitude, située près de Marnes, était paisible et silencieuse. Elle eut le don de captiver les goûts de retraite et l'ardente piété d'un certain Jovinus, issu d'une illustre famille de la contrée. Il chercha pendant quelque temps l'emplacement le plus favorable pour y élever une laure (3) à ses disciples. Il finit par choisir Châteaux. Ce choix fut surtout déterminé par la position du lieu qui se trouvait au versant d'une colline et à proximité de la voie de Poitiers à Angers, laquelle se séparait, à Châteaux même, de celle de Poitiers à Nantes.

Ce qui nous permet d'identifier l'emplacement d'Ension, c'est la carte géographique de Peutinger, ou Table Théodosienne. Cette carte est un des monuments géogra-

---

(1) Bélisaire Ledain. *De la destination et de l'origine des camps romains, dits Châteliers, en Gaule.*

(2) Plus tard, les Chartes du moyen âge disent : *Enixionense, Hensionense, Heresiense, Enessione, Eenestone, Ansione monasterium.*

(3) *Laura*, *laure*, qui signifie place à part, chemin isolé.

phiques les plus intéressants dé l'antiquité. On y trouve tracées les voies militaires de l'Empire. Ce monument, qui est du ııı° ou ıv° siècle au plus tard, fut découvert à Spire, vers 1500, dans une bibliothèque fort ancienne, par Conrad Celtès, ce qui n'empêcha pas un savant du même siècle, Peutinger, de lui donner son nom. *Sic vos non vobis.* Cette carte fut imprimée à Venise par Marc Vesler, en 1591.

Quel était ce Jovinus ou Jouin qui va donner son nom à la laure primitive d'Ension ? Il appartenait à une illustre famille de Silly *(Sigiliacum* ou *Siliacum),* bourg gallo-romain près de Loudun. A l'aurore du ıv° siècle, résidait à Silly la *gens Maxima.*

C'est de la tombe d'un saint de cette famille, saint Maximin, évêque de Trèves, et du culte qui lui fut rendu qu'est né le bourg de Mouterre *(Monasterium).*

L'antique centre habité de cette commune est Silly, hameau situé à sept cent mètres au-dessous de Mouterre, et qui est encore plus peuplé aujourd'hui que le chef-lieu paroissial. On y a trouvé des sépultures de l'époque gauloise indépendante et de nombreux objets romains.

Entre ces deux localités si voisines, et un peu au couchant du chemin qui les relie, la *gens Maxima* possédait une villa (1), au lieu qu'on appelle encore Solaville ou Sous-la-Ville. Le vaste champ de Solaville est situé au-dessous de l'église de Mouterre, à mi-côte du plateau sur lequel elle s'élève. Ce champ est rempli de poteries gallo-romaines et de substructions antiques qui démontrent l'importance de ce lieu.

Cet emplacement de la villa des Maximin est parfaitement connu, c'est un champ labouré qui nous livre encore parfois des débris de son ancienne splendeur. Deux archéologues du pays, MM. Moreau de La Ronde

(1) Cette demeure devint plus tard un château qui relevait, en 1435, de la baronnie de Berrie, une des six plus anciennes châtellenies du Loudunais, au rapport de Trincant. *(Bibl. Nation. de France,* n° 20157, fol. 197.)

et Charbonneau-Lassay (1), y ont fait des découvertes intéressantes : le premier y a recueilli des morceaux de vase en terre et en bronze, avec un pied de statue en marbre ; le second y a trouvé une belle plaque de porphyre vert antique et un fragment de mosaïque romaine. Il est à souhaiter que la pioche d'un antiquaire autorisé rende à la lumière les antiques substructions qui doivent dormir sous les sillons de Solaville.

La famille des Maximin était une famille patricienne. En parlant du représentant le plus illustre de cette famille, saint Maximin, évêque de Trèves, Loup de Férrière en fait une famille sénatoriale : « *Siquidem antiquam prosapiam a majoribus senatorii ordinis deductam ejus parentes sortiti sunt* (2). Les membres de cette famille faisaient partie de cette aristocratie gauloise qui, par ses richesses, son mérite et ses alliances, avait pris rang parmi les maisons les plus illustres du Sénat romain.

Elle paraît avoir été chrétienne, à en juger par l'éducation religieuse et distinguée qu'elle avait donnée à ses enfants. Ceux-ci s'appelèrent Maximin, Maixent, Mexme, Jouin et Maxima. Maixent s'établit à Poitiers, où il devint évêque. Maximin et Jouin se rendirent à Trèves, ils furent disciples de l'évêque saint Agrice, Aquitain et même Poitevin comme eux. En 346, Maxentius ou Maixent succédait à Alipius, sur le siège épiscopal de Poitiers, pendant que Mexme ou Maximin ou Maxe (3), se sanctifiait à Chinon dans la vie érémitique, et que Maxima se distinguait parmi les vierges chrétiennes, au point de mériter le titre de bienheureuse.

---

(1) Extrait du *Bull. de la Société des Ant. de l'Ouest*, 4ᵉ trimestre 1912, p. 14.

(2) Migne, *Patrol. lat.*, t. CXIX, 666.

(3) Les chanoines de Bar-le-Duc prétendaient posséder une relique ou portion du corps de leur saint patron, échappée on ne sait comment aux mains des hérétiques sacrilèges. (D. Chamard, *Origines de l'Église de Poitiers*, p. 311.)

Nous sommes au commencement du ive siècle. L'ère des persécutions a été close par la conversion de Constantin. Cinquante ans auparavant, la Gaule était ensanglantée par le martyre de ses enfants. L'anarchie, qui avait précédé de peu la défaite et la chute de Valérien, n'avait pas empêché ce tyran d'ordonner une persécution, qui fut la huitième, et s'étendit à toutes les Gaules. Comme l'Italie, elles eurent leurs sacrifices sanglants, et le Poitou garde le souvenir d'un martyr qu'il n'a pas cessé d'honorer : c'est saint Clair. Originaire de notre pays, peut-être de Loudun, il y perdit la vie pour Jésus-Christ, sans qu'on sache aucun détail sur sa sainte vie (1).

S'il souffrit par ordre de Gallien, comme on le dit, ce dut être avant l'année 260, car dès que ce prince fut resté seul maître de l'Empire, par la captivité de son père, il se hâta de faire cesser la persécution qui s'était faite malgré lui.

Le sang de Clair (2) et des martyrs de Loudun a été une semence de chrétiens, suivant la parole de Tertullien. Silly, aux portes mêmes de cette ville, nous en fournit la preuve. Il va voir fleurir les vertus de la *gens Maxima*.

Maximin sera le membre le plus illustre de cette famille. Il était allé étudier à Trèves, la seconde Rome, comme on disait alors. On peut se demander pourquoi il alla du Poitou jusqu'à Trèves pour son éducation. Sa famille avait résolu de lui donner cette éducation brillante, qui était requise de quiconque aspirait aux honneurs et aux dignités de la République. Deux foyers littéraires se partageaient alors la faveur des familles opulentes en deçà des Alpes, Trèves et Autun. Cette dernière ville avait pour elle le double souvenir de la

(1) La Rochepozay, *Note sur les Litanies des Saints.*

(2) Le culte de saint Clair commença aussitôt après sa mort. Le Loudunais possède une église paroissiale où il fut sans doute enseveli, ou que l'on enrichit de ses reliques.

patrie gauloise et de ses anciens succès ; mais Trèves, depuis longtemps résidence des empereurs, centre de la vie publique, avait sur sa rivale une supériorité que les espérances de l'avenir ne faisaient qu'augmenter chaque jour. De plus, grâce à la gravité de mœurs de ses habitants, les parents chrétiens trouvaient dans la bonne tenue de ses gymnases une garantie précieus. En outre, l'évêque de Trèves, Agrice, était Poitevin et sans doute connu des parents de Maximin. Lui recommander leur fils dut être pour eux un puissant motif de choisir la ville de Trèves. C'est donc là que le pieux jeune homme allait être, sinon initié aux lettres humaines, au moins à la science du droit et de l'art de bien dire. Peut-être avait-il été auparavant, avec son frère Jouin, disciple de saint Hilaire ; c'est du moins ce qu'affirme un vieux légendaire *(Ex vetere legendario Jouiniano,* Mairie de Saint-Cassien, Registre de 1665 à 1700).

A l'école de saint Agrice, Maximin ressentit bientôt un dégoût profond du monde et, cédant aux inspirations de la grâce, il ne rougit pas de revêtir les livrées de la cléricature. Dieu le destinait à l'épiscopat. Elu le 13 janvier 332, l'évêque de Trèves accueillit comme un ami saint Athanase, exilé en 336. Le patriarche d'Alexandrie, qui passa deux ans à Trèves, loue le zèle infatigable, la fermeté et la vie exemplaire de son hôte, que le ciel avait en outre gratifié du don des miracles. Maximin exerça, en 340, le même devoir envers saint Paul, qui venait d'être chassé par les Ariens du siège de Constantinople.

L'évêque de Trèves eut un rôle brillant aux conciles de Milan (346) et de Sardique (348), et l'on peut dire que les circonstances le portèrent au premier rang de l'épiscopat catholique d'alors.

Quand furent closes les grandes assises théologiques qui lui avaient occasionné de pénibles travaux et de longs voyages, Maximin sentit le besoin d'aller se reposer en son pays natal de Silly. Il y mourut le 12 novembre 347 ou 349. Il avait succombé sous le poids des fatigues et de l'âge.

Les auteurs, tout en s'accordant pour faire de saint Maximin de Trèves un enfant de Poitiers, se partagent sur le lieu précis de sa naissance.

Surius cite Poitiers (1). Alban Butler, Moréri et quelques autres le suivent ; plusieurs, comme l'anonyme dont les Bollandistes ont publié le travail, et qui écrivait au VIIIe siècle, ne parlent que de l'Aquitaine « *Aquitaniæ originem duxit provinciæ* ». Mais tous les écrivains, éloignés du Poitou, se préoccupent moins de la localité même qui vit naître Maximin, que ceux dont le patriotisme cherche les moindres circonstances, et s'intéressent à découvrir le lieu de son berceau. C'est pourquoi nos auteurs poitevins ou ceux qui puisèrent à leurs sources communes, constatent généralement qu'il naquit à Mouterre-Silly, ou du moins bien près de Poitiers, ce qui, dans l'espèce, est équivalent.

Ainsi le chanoine Fauveau composa, sous l'épiscopat de Mgr de La Rochepozay, un calendrier à l'usage de la Cathédrale ; il y cite saint Maximin comme né à Silly « *Oriundus erat ex Sigiliaco* » (2). Dumoustier de la Fond (3) en dit autant. Dreux du Radier (4), après avoir cité Poitiers, ajoute en note : « Quelques-uns disent Sillé, village près de Loudun. » Le P. Longueval n'en doute pas, il le dit positivement. Arnault-Poirier tient pour Sillé, tout en citant les encyclopédistes, qui parlent de Poitiers, sur des ouï-dire ou sur des assertions peu étudiées. Cette analyse des deux opinions, dont l'une est vague et l'autre formelle, nous porte à nous ranger du côté de l'origine loudunaise (5).

On verra plus tard, au VIIIe siècle, un autre saint

(1) 29 mai.
(2) P. 250.
(3) *Hist. de Loudun*, 2e partie, p. 120.
(4) *Biblioth. du Poitou*, t. I, p. 78.
(5) Auber, *Bull. de la Soc. des Ant. de l'Ouest*, 1856, p. 84..

Maximin (Mesmin), appartenant sans doute à cette illustre famille de Silly, devenir évêque de Poitiers. Son corps se trouvait, au xiiie siècle, dans l'église de Mouterre-Silly, où l'évêque de Poitiers, Philippe, l'éleva de terre, en 1226, *Tunc Philippus episcopus Pictavensis V idus octobris a terra levavit.* C'est l'auteur de la Grande Chronique de Tours (1) qui rapporte cet événement. Cet évêque de Poitiers, qui vivait au viiie siècle, est honoré comme un saint. De Mas-Latrie (*Dictionnaire de chronologie*) lui donne ce titre. L'abbé Auber, l'historiographe de l'Eglise de Poitiers, le lui attribue également. Ce n'est pas le sentiment de D. Chamard, qui nie que le Maximin du viiie siècle ait jamais reçu aucun culte (2). Aux allégations du célèbre Bénédictin, on peut opposer la conduite de l'évêque du xiiie siècle. S'il faisait, à Mouterre-Silly, l'élévation du corps de son prédécesseur, c'est qu'il avait trouvé son nom dans les diptyques sacrés de son église, et que la rumeur publique et les miracles opérés à son tombeau justifiaient une translation du corps vénéré.

Mouterre a donc produit deux saints du même nom : Maximin ; mais lequel a donné son vocable à l'église de Mouterre-Silly ? C'est le premier, sans doute. Tous les monuments attestent que son corps fut pris à Mouterre-Silly par son successeur à l'évêché de Trèves, saint Paulin. Cette translation, après laquelle on le plaça solennellement dans un oratoire de Trèves, qui finit par prendre son nom, fut signalée par des miracles. Sa sainteté fut dès lors reconnue.

Le corps du bienheureux évêque avait été déposé à Silly, dans la villa de sa famille, à l'endroit précis qui s'appellera plus tard *Mouterre (Monasterium)*. Un oratoire (*Oratorium, cella, martyrium, cancel*), fut érigé sur son tombeau.

(1) Labbe, *Biblioth. nov.*, II, 735 ; D. Bousquet, XVIII, 317.

(2) *Origines de l'Eglise de Poitiers*, p. 121.

M. Imbart de la Tour, dans son bel ouvrage : *Les Origines religieuses de la France, Les Paroisses rurales du IVe au XIe siècle*, dit du ive siècle : « Dans un grand nombre de localités, nous constatons alors l'existence de sanctuaires *(églises, oratoria, cellæ, martyria)* (1). Il n'y a pas encore de paroisses de Mouterre ou de Silly, mais un simple oratoire élevé sur un tombeau de saint.

Le corps a été enlevé, mais il y reste quelques reliques. Cela suffit pour justifier la confiance et l'empressement des chrétiens. Le souvenir des miracles opérés par saint Maximin, la présence de son tombeau et de ses reliques ont frappé l'imagination populaire et provoqué la construction d'une église. On a voulu être enterré près du tombeau vénérable ; de là la présence de ces sarcophages que l'on trouve en grand nombre autour de l'église de Mouterre. L'*oratorium* a grandi, a donné naissance à une église, cette église elle-même à une paroisse (2). Le tombeau crée l'*oratorium*, *oratorium* qui deviendra plus tard l'église de la paroisse. « Un culte funéraire, voilà, dans bien des cas, le noyau de la communauté rurale », dit encore M. Imbart de la Tour.

A quelle époque viendra la paroisse ? Il est difficile (3) de le préciser. Longtemps l'oratoire primitif est un simple édicule desservi par un clerc sans groupement de fidèles et sans juridiction sur les âmes.

Nous arrivons au viiie siècle. Silly a donné un évêque à l'Eglise de Poitiers, qui s'appelle Maximin. Il meurt en odeur de sainteté ; il a voulu être enterré dans l'église de Mouterre. Tout porte à croire qu'il est de la famille du saint évêque de Trèves, qu'il possède la villa des Maximin. Il a voulu être enterré près du tombeau de son saint parent et dans un domaine qui est son bien patrimonial. Il a dû, lui, évêque de Poitiers

(1) *Opere citato.*

(2) *Ibid.* p. 34.

(3) *Ibid.* p. 44.

et propriétaire de ce domaine, y établir une paroisse
(*parochia*) (1) et la doter. C'est ce que font, depuis longtemps, dans les Gaules, les évêques riches.; ils multi-
plient les centres religieux dans les terres qui leur
appartiennent par héritage ou par acquisition.

Selon toute apparence, la paroisse de Mouterre n'eut
pas d'autre origine ; elle remonterait donc au viiie siècle.

A défaut de documents, nous croyons vraisemblable
cette hypothèse, d'autant que l'église de Mouterre dé--
pendait, au moyen âge, du chapitre de la cathédrale
de Poitiers, qui en avait le patronage.

Qui le lui avait donné, si ce n'est cet évêque assez
pieux pour vouloir reposer auprès des reliques du saint
évêque de Trèves; et assez patriote pour vouloir dormir
son dernier sommeil dans la villa de ses ancêtres et
dans son église, qu'il avait bâtie ou agrandie ? Les hypothèses émises par M. Imbart de la Tour, au chapitre II
de son ouvrage, ne sont pas pour infirmer la nôtre (2).

Une autre question se pose au sujet de saint Maximin
de Poitiers. L'élévation de son corps, d'après le chroniqueur de Tours, se fait à Mouterre-Silli, « *Apud monasterium Sille* ».

Mais quel est ce Sillé? M. de la Rochepozay traduit
par *Sully*, et on connaît près de Mirebeau un tout petit
endroit de ce nom, que le prélat a peut-être voulu désigner. Mais ce ne peut être le Silli de Mirebeau, c'est
bien celui de Loudun dont il s'agit. Voici nos raisons :

D'abord, reconnaissons que ces deux localités ont
certainement la même origine gallo-romaine, et se sont
par cela même fort souvent présentées dans les vieux
documents sous une dénomination identique. Dufour a
observé que Sully est mal écrit sur les cartes, et qu'on
doit rendre *Sciliacum* par Seuillé ou Seuilly ou Silly,

(1) D'abord on appela *diœcesis* ce que nous appelons maintenant
parochia.

(2) *Opus. citat.*, p. 27 et suivantes.

— 18 —

canton de Mirebeau ; c'est que, en effet, il est question
dans le texte de Besly *(Hist. des Comtes du Poitou)* (1) de
cette localité, parfaitement désignée encore dans une
charte d'Ebles II, mentionnant un lieu appelé *Ciliacum*,
que Dufour traduit *Silly*. Le texte ajoute : *In pago Pic-
tavensi in vicaria Salvinsc* (Saint-Jean-de-Sauves). C'est
probablement cette ressemblance des deux noms qui
aura trompé M. de la Rochepozay, car on n'a ni traces
ni le moindre souvenir ou tradition historique d'un
monastère près Silly de Mirebalais ; au contraire, M. Ar-
naud-Poirier a constaté non loin de Mouterre les ruines
d'une antique église du xi° ou xii° siècle. Le Silly ou
Sully de M. de la Rochepozay et de Dufour ne peut
donc être celui de saint Maximin.

La légende de l'ancien bréviaire poitevin (2) porte :
« *Sanctus Maximinus Sulliaci, haud procul ab Ebraldo fonte
tumulatum* ». Or, se serait-on exprimé ainsi pour indiquer le Sully placé sur la Marche, entre les territoires
de Mirebeau et de Loudun, pendant que bien plus près
de Fontevrault se trouve posé le Silli ou Silly que re-
vendiquent nos saints ?

Pour mettre à néant leur objection, ne passons point
sous silence l'abbaye de *Seuilly*, qui a bien le même
nom latin, et est assise sur les bords de la Loire, près
de Chinon, et au delà de Fontevrault par rapport à nous.
Ici, il n'y a qu'un nom, et rien de plus. Ce Seuilly n'est
ni de la province d'Aquitaine, ni près de Poitiers, ni dans
le pays de Loudun ; c'est de la Touraine, et nulle part
cette province n'est mentionnée à côté des noms de nos
saints Maximin comme ayant été leur pays natal.

On peut donc regarder Mouterre-Silly en Loudunais
comme le lieu où avait été déposé, au viii° siècle, le corps
de saint Maximin de Poitiers (3).

(1) P. 138 des *Preuves.*

(2) *Breviari Pictav. part. hiem.*, p. 517, lect. IV.

(3) Auber, 4° *Bull. de la Société des Ant. de l'Ouest*, 1856, p. 85, 86, 87.

— 19 —

Revenons aux Maximin du IVe siècle. L'un d'eux s'appelait Jovinus.

Jovinus, Jovianus ou Jouin, Johin, Jouvin (1), plus jeune que les deux évêques, ses frères, avait passé quelque temps à Trèves, où il avait vécu dans le commerce de saint Athanase. Là, il avait appris de la bouche de ce grand homme la vie des solitaires du désert, des Paul, des Antoine, des Pacôme et des Hilarion.

Revenu dans sa patrie avec son saint frère, il comprit le néant des créatures et sentit le besoin de renoncer au monde et d'aller s'ensevelir dans le silence, la prière et la pénitence. C'était sous l'épiscopat de son frère Maixent, vers 350. Pendant que l'évêque, en sept années d'un utile et fécond ministère, se préparait un successeur dans la personne d'Hilaire, Jouin allait demander à la solitude le repos dont son âme avait une soif indicible.

Un des épisodes du mouvement chrétien dans le Poitou au IVe siècle est le commencement de la vie monastique. Elle y fleurit même avant le monastère de Ligugé, qu'on a signalé à tort comme le premier foyer de vie religieuse dans les Gaules. Ligugé, en effet, ne doit être mentionné qu'après celui que saint Jouin dut créer vers l'an 350. Ligugé ne put naître qu'en 360, lorsque saint Hilaire, revenu de Phrygie à Poitiers, y fut suivi par saint Martin. Tel est le sentiment de M. Auber, historiographe du diocèse de Poitiers (2) : « C'était la plus ancienne fondation de ce genre faite dans les Gaules, quoiqu'on ait dit de celle de Ligugé, qui ne put être établie que plus de dix ans après celle-ci par saint Martin de Tours ; le grand thaumaturge n'ayant quitté le service militaire qu'en 356, il ne put se retirer dans sa solitude des environs de Poitiers qu'après le retour de saint Hilaire, revenu de Phrygie en 360. »

(1) Bolland. *Act. ss. Jun.* t. I, p. 71, édit. Palmé, 1867.

(2) *Hist. de saint Martin, abbé de Verlou*, p. 105 ; du même auteur, *Origines de l'Eglise et de la Province de Poitiers*, p. 63.

C'était le temps.où l'Orient voyait se peupler les thébaïdes où vivaient les ascètes dont Athanase avait décrit à Jovinus la vie angélique.

Aux seuls environs d'Alexandrie, Palladius signalait 2,000 moines. C'est là qu'il avait rencontré un formidable ascète du nom de Dorothée, qui passait le jour à transporter des pierres, sous le soleil torride, pour construire des cellules, et qui, la nuit, tressait des rameaux de palme. « Mon corps me tue, disait-il, je le tue. » (1).

« Si vous allez en Egypte, s'écriait saint Jean Chrysostome, vous trouverez une solitude qui surpasse n'importe quel paradis, vous rencontrerez six cents chœurs d'anges revêtus d'une forme humaine, des peuples de martyrs, des assemblées de vierges. Dans ces lieux, l'empire de Satan est détruit, le royaume du Christ est resplendissant, vos yeux contempleront l'armée du Christ, son peuple royal, le tableau d'une vie céleste. Les femmes rivalisent avec les hommes. Le ciel, avec les chœurs variés de ses étoiles, n'égale pas en beauté l'Egypte parée des tentes de ses moines. » (2).

Il demeure acquis à l'histoire que l'époque où le christianisme commença de s'étaler à la cour impériale et dans les hautes sphères de la société romaine fut aussi l'époque où des milliers de chrétiens et de chrétiennes sentirent en eux-mêmes un désir de vie parfaite et furent poussés par ce désir dans les lointaines solitudes de l'Egypte.

Une certaine critique s'est ingéniée, de nos jours, à diffamer impitoyablement les Pères du désert; elle leur impute, comme s'ils les avaient commis, les étranges péchés dont parfois ils avouaient être tentés. Aucune réputation ne résisterait à ce singulier genre de procès; Satan donne l'assaut, il est seul responsable, et l'on in-

(1) Palladius, *Historia Lausiaca*, édit. Butler, II, p. 16-17.

(2) Chrysostome, *In Matheum*, tom. VIII (*Patr. grec.* t. LVII, col. 87).

crimine comme des pécheurs les gens qu'il attaque. Il serait étrange, en vérité, qu'une pareille thèse prévalût contre les éloges d'hommes informés qui s'appelaient saint Jérôme, saint Augustin, Rufin, sainte Mélanie la jeune, Palladius et Jean Cassien (1).

En additionnant ensemble les seuls chiffres que donne Palladius pour l'Egypte, on dépasse déjà 15,000 moines, et l'*Histoire Lausiaque* ne visait pas à un dénombrement complet; c'est par dizaines de milliers que se chiffrait, vers l'an 400, cette population d'âmes héroïques.

L'Occident allait imiter l'Orient. A la faveur de la paix rendue à l'Eglise par Constantin, le cœur s'ouvre à des aspirations plus libres ; la piété chrétienne s'inquiète des obstacles qu'elle rencontre au milieu d'un monde où l'esprit du paganisme n'était pas encore éteint. De là le goût de l'ascétisme; de là, pour bien des âmes, le besoin d'une retraite où elles pourraient se livrer à la pratique des conseils évangéliques.

Un grand courant d'enthousiasme mystique, dans ce temps-là, entraînait les Eglises d'Occident dans un nouvel idéal de vie religieuse. Les conceptions ascétiques des premières générations chrétiennes, les austérités des continents et des vierges sacrées vivant dans le monde ne suffisaient plus au besoin de sacrifice des âmes dévotes. Un ascétisme d'un nouveau genre s'était révélé en Egypte : la vie d'anachorète, avec saint Antoine et les ermites du désert de Nitrie ; le cénobitisme, avec saint Pacôme. Très vite, l'institution monacale avait conquis tout l'Orient, où les cénobites et les solitaires du Sinaï, de Palestine et de Syrie, étonnaient le monde par le raffinement de leurs austérités ou de leurs vertus. En Egypte déjà avaient été promulguées des règles de vie commune. Saint Basile, en Asie Mineure, avait mis ces règlements au point pour les dévots d'âme plus modérée et de climat plus froid. Ainsi codifié, le monachisme

(1) G. Goyau, *Sainte Mélanie*, p. 149.

gagna peu à peu l'Occident latin, où l'on commençait à rencontrer çà et là des cabanes d'ermites ou des maisons communes de moines ; en Gaule, les monastères d'En-sion, de Ligugé et de Marmoutier ; les ermites de Trèves ; en Espagne, les ascètes groupés autour de Priscillien ; en Italie, un monastère à Milan, d'autres à Rome, sans parler du palais-couvent de Marcella, sur l'Aventin, où régna saint Jérôme. L'Afrique, à son tour, allait encore entrer dans la même voie, par les créations monastiques d'Hippone, bientôt imitées dans toute la région (1).

C'est à ce courant de vie religieuse que céda saint Jouin, quand il embrassa la vie érémitique.

Auditeur assidu de saint Athanase pendant deux ans, il n'est pas étonnant qu'il se soit épris d'enthousiasme pour les solitaires d'Egypte et conçu le dessein de les imiter ; on sait d'ailleurs par saint Augustin (2), que les Tréviriens lisaient avec une pieuse avidité la vie de saint Antoine, composée par saint Athanase lui-même. Or, dans cette biographie d'un si haut intérêt, une phrase avait évidemment frappé Jouin, puisqu'il cherche à en reproduire la réalité dans sa conduite. « Quand Antoine se retira dans la solitude, y est-il dit, il n'y avait pas en Egypte autant de monastères qu'aujourd'hui, et aucun moine n'avait encore pénétré dans les profondeurs du désert. Celui qui désirait se livrer à la vie contemplative se retirait à part, non loin de sa propre villa » (3).

Saint Athanase avait inspiré aux âmes généreuses placées sous la conduite de saint Maximin son ardent enthousiasme pour la vie monastique. Les campagnes voisines de la ville de Trèves furent peuplées de solitaires, dignes émules de ceux de l'Egypte et de la Thébaïde.

(1) Saint Athanase, *Vita S. Antoni*, n° 3.
(2) Paul Monceaux, de l'Institut. *Un couvent de femmes à Hippone au temps de saint Augustin*, dans *La Croix*, 19 nov. 1913.
(3) Saint Augustin, *Confessions*, VIII, 6.

Jouin allait fonder en Poitou ce qu'il avait vu prati-
quer aux environs de Trèves. Après la mort de son
frère Maximin, il se retira, lui aussi, à quelques milles
seulement de Silly, près d'une villa, nommée Ension ou
Enesse, qui faisait sans doute partie du domaine de ses
nobles parents.

Ce lieu s'appelait, en latin, *Ensio, Enexio, Enessio,
Hensio*. Le manuscrit de Duchesne, à la Biblothèque
Nationale (1), porte : « *Antiquissimum s. Jovini monasterium Enixionense seu Hensionense, à viculo Hension.* » Il
s'appellera plus tard Saint-Jouin-de-Marnes, du nom de
son fondateur et de la proximité des marais, qui ont
donné son nom à la commune de *Marnes* et son affixe à
celle de Saint-Jouin. On disait en latin : « *Jovinus-de-
Marnis* ou de *Marinis* ». C'est ce dernier titre que donne
de Mas-Latrie, dans son *Dictionnaire de Chronologie*
(p. 1898). On dit encore d'un certain endroit de la commune : *le Gué-Marin*, toutes expressions qui rappellent
la physionomie du sol et ses marécages. Le 5 avril 1715,
le prieur de Saint-Jouin signe : Prieur de Saint-Jouin-
sur-Marnes, preuve que l'affixe de *Marnes* n'est pas tiré
de la paroisse de ce nom, mais de la proximité des
marais.

Saint-Jouin est une de ces anciennes paroisses, si
nombreuses, qui ont d'abord fait précéder leur nom de
celui de leur saint patron, puis l'ont finalement laissé
tomber dans l'oubli, pour ne garder que ce dernier.
Saint-Jouin s'appelait d'abord Ension ; c'est entre le ve
et le xe siècle qu'il prit le nom de son premier abbé,
dont il gardait la dépouille. On disait Saint-Jouin-
d'Ension. A la même époque, Saint-Clémentin, qui avait
un petit monastère dépendant de Saint-Florent-de-
Saumur, et qui lui aussi conservait les restes de son
premier abbé ou prieur, en prit le nom ; mais avant de
devenir Saint Clémentin, il fut Saint-Clémentin-de-

<hr>

(1) Fonds latin, n° 35 fol. 3.

Ségora et auparavant il avait été simplement Ségora (1).

En suivant son attrait pour la solitude, Jouin ne faisait que se conformer aux exemples de saint Athanase
et de son frère l'évêque de Trèves. Saint Athanase avait
vécu d> la vie des ascètes. Les Pères du concile
d'Alexandrie, en 339, racontent comment avait eu lieu
l'élection du saint patriarche d'Alexandrie : « *Omnem
populum catholicæ ecclesiæ* (d'Alexandrie), disent-ils,
*exclamasse... probum, pium, christianum ex ascetis
unum ac verum episcopum. (S. Athanas. Apologia contra
arianos,* n° 6) » (2).

Saint Maximin, évêque de Trèves, paraît avoir jeté
lui-même les fondements du monastère, qui porta plus
tard son nom, près de Trèves, et qui devint l'un des
plus riches et des plus florissants de l'Allemagne (3).

Jouin trouvàit à Ension, assez loin de Loudun, pour
ne pas être importuné, une forêt qu'avoisinaient les
eaux du Thouet et de la Dive. Il s'y cacha quelque temps
et y commença une vie de prières, de travail et de
pénitence. Le germe allait s'élever, comme une tige
féconde qui ne devait pas tarder à produire des fleurs
et des fruits abondants, sous l'influence d'un saint
Jouin, d'un saint Hilaire et d'un saint Martin.

D. Estiennot n'hésite pas à reconnaître la très haute
antiquité du monastère d'Ension. « Il était déjà bàti,
dit-il, l'an quatre cents et fut un des premiers qui
reçurent la règle de saint Benoît. » (4).

(1) Lièvre, *Les Chemins Gaulois et Romains entre la Loire et la
Gironde,* Niort, 1893, p. 45.

(2) *Bolland.*, t. I, Maï, p. 231, n° 260 et p. 234, n° 280.

(3) *Bolland.*, t. I, Maï, p. 207 ; Migne, *Patrol. lat.*, t. CIII, col. 665 ;
Patr. Graec, t. XXVIII, col. 1558.

(4) Dans D. Fonteneau, vol. 53, tiré des archives de l'abbaye de
Sainte Trinité de Poitiers, Abrégé historique des fondations des
Monastères de l'Ordre Bénédictin dans' le Poitou et au diocèse de
Poitiers.

Nous pourrions sans crainte affirmer que la fondation de saint Jouin fut le premier monastère des Gaules et même de tout l'Occident, si plusieurs ne rejetaient pas l'ancienne tradition qui fait de ce pieux fondateur le frère de saint Maximin, évêque de Trèves, et de saint Maixent, prédécesseur de saint Hilaire sur le siège de Poitiers. Beaucoup soutiennent que Ligugé fut le berceau de l'ordre monastique chez nous, et ils s'appuient sur un texte de Sozomène (1), qui déclare expressément que, jusqu'au temps de Constance et de saint Martin, l'Occident n'avait point encore de congrégation de moines. Ce témoignage de Sozomène n'est pas contraire à la tradition des moines d'Ension, puisque leur saint fondateur aurait été contemporain de Constance et de saint Martin. Que si l'historien ecclésiastique cite saint Martin, c'est que son nom est incomparablement plus illustre dans l'Église que celui de saint Jouin.

On ajoute que saint Benoît construisant, cent soixante-dix ans après la fondation de Ligugé, le célèbre monastère du Mont-Cassin, y fit élever deux oratoires, l'un en l'honneur de saint Jean-Baptiste, l'autre en l'honneur de saint Martin. Il présentait ainsi ces deux saints à la vénération de ses enfants comme deux grands modèles de la vie monastique (2). On conçoit que saint Benoît ait agi de la sorte pour commémorer auprès de ses disciples le nom du grand thaumaturge des Gaules. Sa mémoire égalait celle des Apôtres, et aucun saint n'eut plus de sanctuaires élevés en son honneur. Mais de ce fait, il n'y a rien à conclure en faveur de la priorité de Ligugé sur Ension, au point de vue chronologique.

D. Basquin, parlant de Ligugé, monastère fondé par saint Martin aux portes de Poitiers, a écrit :

« Au début de l'année 361, le grand évêque de Poi-

(1) Sozomène, liv. 3, chap. 14.

(2) *Annales Bénédict.*, liv. 3. n° 5; cf Caillet Tillemont, Longnon, le *Gallia Christiana*.

tiers, Hilaire, revenait dans sa ville épiscopale, d'où un ordre impérial l'avait arraché six ans auparavant pour avoir soutenu l'intégrité de la foi catholique contre l'arianisme triomphant.

« Presque en même temps arrivait à Poitiers un homme que son extérieur chétif et négligé faisait mépriser. Cet homme était le disciple de l'évêque, un exorciste de l'église de Poitiers, c'était Martin...

« Martin, pendant l'exil volontaire qu'il s'était en quelque sorte imposé tandis qu'Hilaire témoignait de sa foi, s'était initié à la vie solitaire ; il en avait goûté les charmes.

« Martin fit part de son projet à l'évêque. Celui-ci comprit que cette pensée venait de Dieu et eut à cœur de collaborer à cette grande œuvre. Il possédait aux environs de sa ville épiscopale un territoire assez vaste pour qu'une communauté d'ascètes pût y vivre...

« Le premier monastère en Gaule, dans l'ordre chronologique, venait d'être fondé. » (1).

D. Basquin donne la priorité à Ligugé sur Ension. Nous la revendiquons pour ce dernier établissement.

La fondation de saint Jouin date de sa jeunesse. Elle est certainement antérieure à l'épiscopat de saint Hilaire ; elle peut remonter à celui d'Alipius, mais elle ne doit pas dépasser les années de saint Maixent, qui précéda, à Poitiers, le grand champion de l'orthodoxie contre l'arianisme. On doit donc regarder Ension comme le premier monastère qui s'éleva dans les Gaules, entre 342 au plus tôt et 353 au plus tard. Alors donc commença l'exercice austère et continu de ces vertus héroïques dont le saint abbé donna chez nous le premier exemple Ses disciples se multiplièrent et vécurent paisiblement sous la houlette de leur pasteur, qui, sans doute, avait reçu la charge pastorale des mains de son saint frère, l'évêque de Poitiers. Quoique séparés en des

(1) Ligugé, son abbaye, ses pèlerinages. 1898, p. 1-2.

cellules distinctes, les ascètes vivaient sous un même supérieur, et cette agglomération de modestes habitations, de branchages et de feuillages s'appelait une *laure*.

L'emplacement de cette laure était Ension. Ension était du territoire qui forma plus tard le pagus de Mirebeau et conserva son nom jusqu'au xiv° siècle. Il était arrosé par deux rivières : le Thouet et la Dive. Le Thouet commence près de Secondigny et se jette dans la Loire, après un parcours de 135 kilomètres, à 4 kilomètres au-dessous de Saumur. La Dive du Nord ou Dive Mirebalaise, distincte de la Dive du Sud, prend sa source au village des Sauls, commune de Mongauguier, près Mirebeau, et se perd dans la rive droite du Thouet, à 8 kilomètres de Saumur.

Cette première retraite de Jouin ne put demeurer si secrète qu'il ne vît un grand nombre de néophytes accourir vers son ermitage et lui demander une règle de vie. Le lieu appelé aujourd'hui le *Moulin d'Ension* paraît assez bien correspondre à celui qu'avait d'abord choisi notre solitaire. Mais, pour répondre aux désirs de ses frères, il fonda une laure au pied d'une colline peu éloignée, qu'il dédia à saint Jean-Baptiste, l'apôtre de la prédication et de la vie silencieuse, solitaire et pénitente.

Quelle était la vie de ces nouveaux solitaires ? Nous sommes réduits à des hypothèses ; cependant, nous ne serons pas téméraire en disant qu'à Ension elle dut être ce qu'elle sera un peu plus tard à Ligugé et à Marmoutier. Parmi les moines, les uns étaient appliqués aux travaux des champs, les autres, nouveaux venus dans la vie ascétique, étaient occupés à la transcription des livres ; d'autres, plus âgés, vaquaient à Dieu dans la prière et les exercices de la vie contemplative, mais ce n'était là que l'exception, et l'on n'y parvenait qu'après avoir vécu longtemps de la vie du travail et de l'apostolat.

Saint Jouin fit d'Ension le centre de ses courses apostoliques et de celles de ses disciples.

La tradition veut qu'il ait été disciple de saint Hilaire quand celui-ci avait professé les belles-lettres à Poitiers.

D'après D. Chamard, saint Hilaire avait étudié à Trèves, selon toute probabilité, et s'était ainsi préparé à ses grandes destinées. Eut-il des rapports d'amitié avec Maximin et Jouin, ses deux compatriotes ? tout porte à le croire. Il paraît qu'il fréquenta le lieu appelé aujourd'hui Saint-Jouin-de-Marnes, puis qu'il épousa Florence, née en ce lieu, et en eut une fille appelée Abre.

Hilaire mourut quelque temps après le retour de son glorieux exil. Saint Jouin lui survécut. Il mourut après l'année 368 ou 380 (1), déjà plus que septuagénaire. Par la vie qu'ils avaient instaurée en Occident, Jouin et Martin préludaient à la règle de saint Benoît, qui ne devait naître que deux siècles plus tard.

Avant de quitter ce monde, Jouin avait eu la joie de voir son monastère solidement établi, et prospérer sous l'influence des miracles que Dieu accordait à sa sainteté.

Son corps fut déposé d'abord dans l'église Saint-Christophe, élevée au milieu de la laure primitive, au pied de la colline. Il fut ensuite transféré dans une autre plus grande et plus magnifique, qu'il avait dédiée lui-même à Notre-Dame et à saint Jean-Baptiste, au sommet de la colline (2).

Un monastère s'élevait en peu de temps, au ive siècle. C'est que l'architecture de ces temps ne prodiguait pas encore, comme on le fit au xie siècle, la pierre de taille et le moëllon. L'abondance des bois empruntés aux forêts, la facilité de les travailler et la promptitude de la main-d'œuvre étaient autant de raisons pour ne construire que par des enchevêtrements de poutres et de planches mêlées de galets noyés dans un mortier de

(1) *Ex vetere legendario Jouiniano.* Arch. de la mairie de Saint-Cassien, registre de 1665 à 1700.

(2) *Ex vetere legendario Jouiniano.* Arch. de la mairie de Saint-Cassien, registre de 1665 à 1700.

sable et de chaux. La brique et l'ardoise y avaient un rôle dans le pays où la nature s'y prêtait. Bien fragiles étaient ces édifices. Le feu y faisait de rapides et complets ravages, mais les réparations étaient promptes aussi. C'est ainsi qu'on s'explique l'étonnante rapidité avec laquelle nous remarquons souvent qu'une église incendiée était reconstruite dès l'année suivante, et si complètement remeublée qu'on pouvait y tenir des conciles provinciaux, comme il arriva pour l'abbaye de Charroux.

La forme de l'église ne variait pas. C'était une croix latine, formée par une longue nef, souvent flanquée de deux autres et traversée, en avant du chœur et du sanctuaire, par un transept au-dessus duquel s'élevait la tour du clocher, quand elle ne dominait pas la façade. La fenestration consistait en un certain nombre de baies de petites dimensions, réduites à trois ou cinq dans le sanctuaire et à six ou sept dans chaque mur latéral. Comme dans le cas des trois nefs, les piliers destinés à supporter la toiture étaient en pierre, on leur donnait presque toujours des chapiteaux sculptés d'images symboliques. Aux premiers temps de l'époque mérovingienne, on se contenta le plus souvent d'orner les chapiteaux de feuillages et d'entrelacs capricieux (1).

Telles durent être à peu près les deux églises Saint-Jean-Baptiste et Saint-Jean-l'Evangéliste d'Ension, avant la restauration de cette dernière, à la fin du ixe siècle.

Le nom de *basilique* est celui que l'antiquité a consacré pour désigner l'église d'un monastère.

Au ive et au ve siècle, on donnait le nom d'*abbé* à tous les supérieurs des communautés monastiques. Il appartint à saint Jouin, qui avait réuni les cellules de ses disciples dans une laure commune (2). Le même nom fut donné à ses successeurs dans le gouvernement

---

(1) Auber, *Histoire générale du Poitou*, t. II, p. 77.

(2) Mabillon, *Act. SS O. B. Præf. Sæc. I.*

des moines, tels furent saint Launégisile, saint Généroux, saint Marcien et saint Martin, seuls abbés connus
dans la période de deux cent vingt ans environ, qui
sépare la fondation de l'abbatiat de Saint-Martin-de-
Vertou.

Ce qui doit frapper le lecteur, c'est le petit nombre
d'abbés que l'on rencontre à Ension dans cet intervalle.
Saint Jouin a fondé son abbaye en 340 ou 350, Marcien
est de la fin du vi^e siècle, et, dans cet espace de temps,
il n'y aurait eu que quatre abbés d'Ension. On voit bien
qu'il y a là une lacune, laquelle provient d'une erreur
de chronologie. Ces cinq vies d'hommes n'ont pu former
la chaîne entre la fondation et Martin. Ces quatre an-
neaux auraient donc duré chacun un laps de temps de
cinquante années. La seule cause d'une telle exagéra-
tion est dans l'absence de plusieurs abbés, dont les
noms ont disparu des traditions. Celles-ci se sont altérées, par suite des envahissements successifs des Vandales, des Visigoths, des Sarrazins et des Normands.
Ces vicissitudes amenèrent la perte des archives primitives d'Ension. De là, l'impossibilité d'établir la chronologie des quatre premiers siècles de son existence.
Quelques noms d'abbés ont subsisté à travers les
siècles, d'autres sont tombés dans l'oubli.

Le ve siècle vit la Gaule envahie par les expéditions
militaires des Vandales et des Visigoths, qui réduisirent
en cendres les cités les plus florissantes, et condamnèrent
les campagnes à une longue et ruineuse stérilité.

En 407, un déluge de Vandales, de Quades, de Gépides,
d'Alains, de Burgondes, d'Hérules, de Saxons, d'Alamans
inonda la Gaule jusqu'aux Pyrénées. Poitiers subit le sort
commun. Les Vandales le ravagèrent d'abord, et les Visigoths l'enlevèrent et s'y établirent vers le milieu du
ve siècle. C'est en 419 qu'Honorius se vit forcé de céder
l'Aquitaine à ces derniers (1). Quel fut alors le sort des

___

(1) *Mém. de la Soc. des Ant. de l'Ouest*, t. I, p. 37.

établissements religieux élevés en rase campagne? Il est facile de le conjecturer. Comment Ension aurait-il échappé à la dévastation et à la ruine, quand Poitiers tombait trois fois entre les mains des Visigoths, dans le ve siècle, quand la cité voyait renverser ses remparts et abattre ses monuments (1).

La ruine d'Ension et de ses archives dut être la conséquence de ces incursions sans cesse renaissantes. Vinrent ensuite les Sarrazins et les Normands, autant d'envahisseurs dont le vandalisme fut funeste aux maisons religieuses de la contrée. Ension eut à gémir sur des dévastations, comme Saint-Hilaire de Poitiers et tant d'autres abbayes. De là la disparition de ses archives, partant des premières ressources de son histoire et des témoins de son passé si vénérable. Le monastère d'Ension n'avait pas cessé d'exister, quoique de fréquentes vicissitudes fussent venues troubler sa paix, ou bien il s'était relevé de ses ruines.

(1) Thibaudeau, *Abrégé de l'Hist. du Poitou*, t. I, p. 54, 1re édit.

CHAPITRE II

LES PREMIERS ABBÉS ET LES PREMIERS MOINES. — SAINT
LAUNÉGISILE. — SAINT RUFIN. — SAINT GÉNÉROUX. —
SAINT MÉRAULT. — SAINT VARENT. — SAINT PAIR. —
SAINT SCUBILION. — GUERRES CIVILES EN POITOU. — SAINT
MARCIEN. — SAINT MARTIN DE VERTOU. — SAINT ACHARD.
— SAINT FILIBERT. — JUMIÈGES. — CHANOINES RÉGU-
LIERS D'ENSION.

Les rares débris de monuments échappés aux ravages
du temps et des hommes nous ont permis de constater
que, malgré la persécution des Visigoths et les invasions
barbares, la vie monastique était encore florissante à
Ension, au commencement du vi^e siècle.

S'il faut renoncer à connaître tous les abbés d'Ension
jusqu'au viiie siècle, nous avons des données historiques
sur plusieurs de ses moines, tels que saint Rufin, saint
Mérault, saint Varent, saint Pair, saint Scubilion et saint
Achard. Qui sait s'il ne faudrait pas rattacher à la vie de
notre abbaye saint Laon, saint Citroine, saint Odon et
saint Fort? Le silence de l'histoire sur ces quatre saints
loudunais tient peut-être à la perte des monuments
d'Ension.

Serait-il téméraire de les rattacher à cette génération
d'apôtres formée par la forte discipline de saint Jouin et
de ses successeurs immédiats et envoyée à la conquête
des âmes dans les lieux où se voit encore leur tombeau ?
Saint Odon était moine, nous dit son épitaphe trouvée dans
les ruines de l'église Saint-Hilaire, aux Trois-Moutiers.
La tombe du saint fut découverte en 1892, avec l'inscrip-

tion suivante, en vers léonins et caractères du xie ou xiie siècle :

Hic Dno gratus, monachus jacet Odo beatus
Undique egri veniunt et sani omnes fiunt (1).

Odon était moine. Nous ne savons si Citroine, Laon et Fort étaient religieux comme lui. Dans ce cas, à la manière de Rufin à Moutiers, de Méru à Boismé, de Varent à Saint-Varent, ils auraient reçu la mission d'évangéliser la contrée. Citroine se serait fixé en ce lieu, qui devint une paroisse, placée plus-tard sous son vocable, et abritant sans doute son tombeau. Laon porta l'évangile sur les bords de la Dive, à cet endroit précis qui porte maintenant le nom de Saint-Laon-sur-Dive. C'est de là, qu'au xie siècle, ses restes glorieux furent transportés par des mains pieuses dans la collégiale de Thouars. Fort aurait porté ses pas à Tourtenay, où se voit son tombeau vénéré. Les âges précédents conduisaient à ce tombeau de nombreux infirmes, dans l'espoir d'y trouver plus de vigueur et de force, surtout en faveur des enfants malingres (2).

Launégisile est le premier abbé connu après le fondateur. On croit qu'il gouverna simultanément les deux maisons de Vertou et d'Ension.

Après Launégisile, nous voyons les frères d'Ension gouvernés par saint Généroux et saint Marcien. Le *Gallia Christiana* donne pour successeur à Marcien saint Martin de Vertou. Du Tems a dressé le catalogue des abbés

(1) D. Bonnard, *L'abbaye de Sainte-Trinité de Mauléon*, p. 196.

(2) Il ne faut pas confondre saint Fort, apôtre de Tourtenay, avec saint Fort, apôtre de Bordeaux et martyr du i^{er} siècle. D'après Mgr Cirot de la Ville, qui traite des antiquités bordelaises, Fort, *Fortis*, vient du germain *Sigebert*, qui a la même signification. Il serait un druide converti par saint Martial, apôtre de l'Aquitaine. Consacré par saint Martial, premier évêque de Bordeaux, Fort ou Sigebert aurait été saisi dans les catacombes où il célébrait les saints mystères et aurait été précipité du haut des remparts de la ville. La cathédrale de Bordeaux, construite sous son vocable, aurait pris plus tard le nom de saint Seurin, son successeur, la crypte seule de l'édifice conservant le vocable primitif.

d'Ension (1), en donnant à saint Martin de Vertou la quatrième place parmi ceux qui sont connus. En réalité, il serait le cinquième abbé, comme le veut le *Gallia Christiana*.

S'il a vécu au vi[e] siècle, Martin de Vertou a pu devenir abbé d'Ension, tout en conservant le gouvernement de sa grande famille bretonne. De là les liens de fraternité qui ont existé de bonne heure entre les abbayes d'Ension et de Saint-Martin-de-Vertou. On a prétendu que la première fut soumise à la seconde dans des temps fort reculés. Mais il est certain qu'à partir du xie siècle les rôles furent changés, c'est Saint-Martin-de-Vertou qui devint tributaire de Saint-Jouin-de-Marnes.

Dans les antiquités bénédictines de l'ancien diocèse de Poitiers, D. Estiennot affirme, d'après le martyrologe manuscrit de Saint-Jouin-de-Marnes, que le 16 novembre était le jour du décès de saint Rufin, religieux de cette maison, où reposaient ses saintes reliques (2).

Saint Rufin avait été l'apôtre de Moutiers. Si l'on veut bien observer que Moutiers est à une distance très rapprochée de Saint-Jouin-de-Marnes et qu'il se trouve sur la même voie romaine de Poitiers à Nantes, il sera facile d'admettre avec D. Estiennot que saint Rufin, qui évangélisa Moutiers, ait été religieux d'Ension.

Comme les moines des premiers temps, il prêcha l'évangile aux populations des campagnes environnantes. La contrée comprise entre Ension et l'antique localité de Voultegon et de Saint-Clémentin fut le principal théâtre de son zèle. C'est à trois lieues de Voultegon, sur la crête du coteau, à quelques cent mètres de la voie romaine, que le saint apôtre établit son monastère. Cette région pittoresque et sauvage, où Rome avait placé des garnisaires théïphales, dut être le refuge des tribus gauloises pourchassées par les vainqueurs. Un dolmen, un tumulus,

(1) Du Tems, *Clergé de France*, t. II, p. 459.

(2) D. Fonteneau, t. LIII, p. 310.

le fortin de Châtenay, etc., attestent encore à Moutiers la présence de ces peuplades païennes, qui attirèrent les prédications de saint Rufin.

Bien que nous soyons privés de tout détail sur sa laborieuse carrière, nous pouvons du moins affirmer qu'il a vaillamment combattu pour la cause de la foi. Dans nos monuments liturgiques, il porte la qualification de martyr.

L'époque de son apostolat remonte assurément aux temps mérovingiens. Or, au moment où Clovis succéda à son père Childéric Ier, en 481, tout le pays, au sud de la Loire, était aux Visigoths, et leurs rois avaient un palais à ·Doué-la-Fontaine. ·Saint Grégoire de Tours nous fait connaître les pratiques de ces hérétiques ariens. La persécution qui s'éleva alors contre les catholiques s'aviva jusqu'à devenir sanglante. Tout porte à croire que saint Rufin est redevable à ces barbares de la couronne du martyr.

La famille religieuse d'Ension n'avait pas dû moins souffrir que celle de Moutiers au temps des Visigoths en Poitou. Quand elle put ressaisir les liens de la vie commune, elle rétablit ses affaires temporelles et spirituelles. Ce retour aux habitudes régulières donna l'élan à une ferveur nouvelle, qui porta de grandes vertus. Ension vit bientôt s'augmenter le nombre de ses pieux cénobites, qui tous se formèrent à l'école du saint fondateur, dont le souvenir était toujours vivant parmi eux.

Launégisile avait vécu au Ve siècle. Il avait été le maître de saint Généroux, qui eut lui-même saint Pair ou Paterne, saint Scubilion et saint Mérault pour disciples.

Saint Généroux devait être abbé à la fin du Ve siècle, où il reçut à Ension le jeune Paterne, né en 480. Généroux était romain d'origine. Ayant quitté sa patrie pour visiter les régions occidentales, il vint dans le Poitou, au monastère d'Ension, où il prit l'habit religieux. Il avait pu constater de ses propres yeux combien était méritée la grande réputation dont jouissait cette pieuse demeure. Le nouveau religieux fit de rapides progrès dans l'observance de la discipline régulière, au point qu'à la mort de Launégisile, les moines, d'un commun accord, le jugèrent digne d'être mis à leur tête. L'événement justifia les prévisions de la communauté. Celle-ci entra dans une période de ferveur qui produisit de grands fruits. C'est alors qu'on vit saint Mérault, saint Rufin, saint Pair et saint Scubilion jeter un grand éclat sur le monastère d'Ension.

Cette maison possédait un certain nombre d'hommes aussi distingués par leurs qualités naturelles que par la sainteté de leur vie. On cite notamment saint Mérulphus, que le peuple appelle Mérault, Méru, Méreux, Mérulphe.

Malheureusement, les documents ne nous apprennent rien de sa vie. On sait seulement qu'il vivait au vi[e] siècle et qu'il mourut à Boismé. D'après la tradition, il aurait vu le jour à Moncontour, à l'endroit même où plus tard s'éleva le prieuré placé sous son vocable.

Boismé, qu'évangélisa saint Mérault, n'est plus qu'un bourg de trois ou quatre cents habitants, situé à deux lieues de Bressuire, au sud-ouest de cette ville. Boismé était plus considérable autrefois.

Notre saint dut évangéliser Boismé, comme firent à la même époque, en Neustrie, ses compagnons et ses émules dans la vie parfaite, Pair et Scubilion. Nous avons la bonne fortune de posséder la vie de saint Pair, écrite par saint Fortunat, évêque de Poitiers. Quel dommage que la biographie de saint Mérault n'ait pas tenté une plume autorisée, capable d'en transmettre les événements jusqu'à la postérité la plus reculée !

A défaut de cette histoire, nous avons un précieux document du xie siècle, qui jette quelque jour sur la *cellula*, ou monastère de Saint-Mérault, à Boismé.

Le saint avait été mis par son abbé à la tête de cette maison. On sait qu'au vi[e] siècle, un monastère tant soit peu important renfermait plusieurs oratoires. Saint Maur en avait construit jusqu'à quatre dans son établissement de Glanfeuil. On en comptait également quatre à Ension, et, chose remarquable, deux oratoires de Boismé portaient le même vocable qu'à Ension.

Mais venons au document du xiᵉ siècle, qui nous fournit des données d'où il ressort que Boismé avait été, à une époque reculée, le centre de fondations religieuses importantes. Voici, en effet, comment s'exprime, vers 1030, un des principaux seigneurs du pays, dans une charte par laquelle il donne à Saint-Cyprien de Poitiers les églises de Boismé :

« Raoul, dit la Flamme, concède aux moines de Saint-Cyprien les églises de Boismé, dont l'une, bâtie en l'honneur de saint Pierre, est depuis une époque fort ancienne complètement en ruines ; une autre est consacrée à Notre-Dame ; une troisième à saint Jean et une quatrième à saint Mérault, qui y repose. »

Ce seigneur fait don au dit monastère de toutes ces églises et de tout ce qui leur appartient, en vertu des droits qu'il possède sur elles. Il en excepte la moitié du droit de sépulture. Ce droit devait être considérable dans un lieu où l'on avait la dévotion de se faire inhumer, par vénération pour le corps de saint Mérault. On sait combien, dans les âges de foi, on aimait à se faire enterrer auprès du tombeau d'un saint. Or, Boismé est pavé, pour ainsi dire, de sépultures antiques qui disent la vénération des fidèles d'antan envers saint Mérault (1).

Saint Varent vivait à la même époque dans le cloître d'Ension. Il a donné son nom à une des paroisses du diocèse de Poitiers, si l'on en croit l'historien Dufour (2). Il prétend que ce lieu est le même que *Noviheria*, où l'on voyait, en 843, le tombeau de saint Vétérin ou saint Varant, Verrain *(Veterinus)* (3). D'après cet auteur, il

---

(1) *Bulletin de la Soc. des Ant. de l'Ouest,* année 1853, p. 154-157.

(2) *Mém. de la Soc. des Ant. de l'Ouest,* t. XXXIII, p. 137.

(3) *Veterinus* aurait donné Verrio, comme *Veterines* Verrines.

faudrait donc identifier saint Vétérin avec saint Varent et admettre que ce saint solitaire aurait été enterré à Noviheria, qui aurait fini par devenir célèbre dans toute la contrée, grâce à ses miracles. On peut s'étonner que le nom de saint Varent ait été perdu dans les traditions de Saint-Jouin-de-Marnes et qu'il ait été conservé seulement par l'abbaye d'Airvault, qui célébrait sa fête sous rite double de 1re classe. Rien n'est plus naturel, cependant. L'église de Saint-Varent étant une dépendance de l'abbaye d'Airvault, on conçoit que le calendrier de la maison-mère ait gardé la trace du patron d'un de ses prieurés les plus importants. Quant à la disparition du souvenir de saint Varent à Ension, il faut l'attribuer à la perte des documents primitifs.

Il y avait alors à Ension toute une pléiade de fervents religieux. Saint Pair ou Paterne en était la perle. C'est Fortunat qui nous le fait connaître avec des détails qui nous dédommagent des documents perdus sur la vie de ce monastère au vie siècle.

Vers l'an 480, au moment où Clovis allait s'asseoir sur le trône des Francs, naissait, dans la ville même de Poitiers, un enfant prédestiné à devenir le père de tout un peuple de moines et l'instrument d'éclatantes merveilles. Fortunat n'a pas jugé à propos de nous donner le nom de son père, qui avait exercé une fonction élevée (1). Sa mère s'appelait Julitte.

Il était donc issu d'une famille noble, d'origine probablement gallo-romaine, ainsi que l'indique le nom de Paterne et celui de sa mère Julitte. Il était destiné aux fonctions publiques auxquelles l'avait préparé une éducation distinguée. L'enfant de ces nobles Poitevins paraît avoir été le fruit de leur vieillesse, car d'après sa biographie, lorsque Julitte devint veuve, à l'âge de près de

______

(1) Mabillon, *Act. SS. O. S. B. secc. I*, p. 660; Cf. *Patrol. lat.*, t. LXXXVIII, col. 488, *« generosis parentibus... in administratione publica olim occupatis procreatus. »* C'est le texte de Mabillon.

soixante ans, Paterne était à peine sorti de la première enfance (*infantulus*).

Elle abandonna dès lors le séjour de la ville et alla se fixer dans une de ses villas, non loin de l'antique monastère d'Ension. Peut-être le noble enfant n'avait-il pas été étranger à cette détermination de sa mère. De lui-même, à un âge où les autres enfants ne pensent qu'à leurs jeux, il demanda et il obtint de se consacrer à Dieu dans ce pieux asile.

Vivant près du monastère, Julitte se plaisait à confectionner elle-même les vêtements de son jeune moine.

A l'époque où le jeune Paterne s'exerçait à la pratique des vertus monastiques, la discipline était en pleine vigueur à Ension. Mais Paterne, malgré sa jeunesse, s'y distingua bientôt entre tous par sa ferveur et sa maturité. Saint Généroux, à qui il avait demandé à porter le joug de la vie religieuse, eut bientôt reconnu le mérite d'un tel disciple. Il le chargea des fonctions de cellérier et d'économe.

Il y avait alors à Ension un religieux avec lequel la nature et la grâce avaient uni Paterne plus intimement. Il se nommait Scubilion. Plus âgé que Paterne, il joignait à la maturité de l'âge la simplicité de l'enfant. Les deux amis sympathisaient sur toutes choses ; tous deux, notamment, aspiraient à une vie plus austère que celle qui se pratiquait à Ension. Peut-être les *Entretiens* et *Constitutions* de Cassien, leur avaient-ils inspiré ce goût pour la vie des solitaires de la Thébaïde. Une circonstance favorisait ces aspirations en Paterne. Il sentait que Dieu demandait de lui le sacrifice d'une présence chère, celle de sa mère, trop voisine du monastère. Paterne fit généreusement ce sacrifice et résolut d'aller au loin chercher une plus profonde retraite. Il n'eut pas de peine à faire partager son dessein à Scubilion. Une nuit donc, ils s'échappèrent du monastère, se dirigeant vers la Touraine. Pour tout viatique, ils n'emportèrent avec eux que le livre des Psaumes. La clôture monastique n'était pas soumise aux mêmes lois que de nos jours. On ne connaissait pas encore, dans les monastères de la Gaule, le principe de la stabilité, posé par saint Benoît dans sa règle. Nous avons, du reste, fourni dans cette histoire plus d'un exemple de cette liberté primitive. Saint Filibert et saint Achard en useront, plus tard, comme saint Paterne et saint Scubilion.

Paterne était encore novice ou convers lorsqu'il quitta Ension avec Scubilion, pour aller se fixer à Scissy, dans le Cotentin. Chemin faisant, saint Scubilion, considérant que le bienheureux Paterne était en tous points digne de respect, lui passa le pallium dont il était revêtu, afin de l'élever par là à un degré hiérarchique égal au sien. Quelques disciples se groupèrent autour de lui. Fortunat nous a conservé le nom de l'un des premiers compagnons des deux religieux poitevins établis à Scissy. Il s'appelait Guithier.

Nos cénobites formèrent un petit monastère, dont Paterne fut institué abbé par saint Généroux, qui était encore son supérieur. Saint Léontien, évêque de Coutances, l'ordonna prêtre, vers 512, à l'âge de trente ans environ. Il devait fonder plusieurs monastères dans les diocèses de Coutances, de Bayeux, d'Avranches, du Mans et de Rennes. Dans ce dernier diocèse, le couvent qu'il avait fondé avec l'évêque, saint Mélaine, finit par prendre le nom de ce saint.

Il avait soixante-dix ans, vers 552, quand il fut choisi pour succéder à Egidius, évêque d'Avranches, qui vivait encore en 549, puisqu'il siégeait sous cette date dans le v⁰ concile d'Orléans. En 557, Paterne signait, avec Lascivus, évêque de Bayeux, les canons du ii⁰ concile de Paris. Après treize années d'épiscopat, il mourut à l'âge de quatre-vingt-trois ans, le 16 avril 565.

Il fut inhumé avec Scubilion à l'extrémité orientale de l'oratoire de Scissy, qu'ils avaient bâti.

Leur séjour en Neustrie les avait soustraits aux mouvements des guerres civiles dont le Poitou avait été le théâtre et la victime au vi^e siècle. Là, les maisons religieuses ne furent pas seulement en butte aux vexations des Visigoths, elles eurent aussi à souffrir de graves dommages de la part des rois francs guerroyant pour l'intérêt de leurs familles. Il y aurait à faire le tableau des massacres et déprédations dont l'Aquitaine et le Poitou en particulier eurent à gémir. Une rapide esquisse de ce tableau est ici nécessaire.

Clotaire venait de mourir à Compiègne, juste un an et un jour après le supplice barbare infligé à son fils Chram (561). Sa tombe était à peine fermée que ses enfants inauguraient cette série de guerres civiles et fratricides qui ensanglantèrent la France pendant plus d'un demi-siècle.

Chilpéric s'était emparé des trésors de son père et de la ville de Paris. Mais ses frères, ligués contre lui, l'obligèrent à accepter le petit royaume de Soissons. En conséquence, Bordeaux, Tours, Poitiers et Saintes furent déclarés du royaume de Charibert.

Vers 567, ce roi mourait à Paris. Chilpéric hérita, par suite de cette mort, d'une partie des villes que Charibert possédait en Aquitaine, notamment de Bordeaux et de Saintes. Mais, son ambition n'étant pas encore satisfaite, il avait profité des embarras de Sigebert, occupé dans une guerre contre les Saxons, pour s'emparer du Poitou et de la Touraine, et y établir sa domination.

Sigebert et Gontran se liguent contre leur frère Chilpéric et chargent le comte Mummole de chasser de la Touraine et du Poitou le jeune Clovis, fils de Chilpéric. Mummole était l'un des plus grands capitaines de son temps. Il s'empare de la ville même de Poitiers; et Clovis avait eu à peine le temps de fuir.

Mummole, vainqueur du jeune fils de Chilpéric, avait remis le Poitou sous la domination de Sigebert, son roi légitime. Ce triomphe fut de courte durée. Trois ans ne s'étaient pas écoulés, que Chilpéric envoyait son autre fils, Théodebert, envahir de nouveau notre malheureuse province (573). La marche du jeune prince fut une suite de victoires. Il écrase les troupes du duc Gondebaud, qui essaie de lui résister. De Poitiers, dont il s'empare, il poursuit ses conquêtes dans l'Aquitaine. Partout son passage est marqué d'affreux brigandages. Ecoutons saint Grégoire de Tours : « Il met, dit-il (1), le feu aux églises ; il dépose les officiers chargés de commander dans le pays ; il fait mourir les clercs, détruit les monastères d'hommes, livre aux insultes de la soldatesque les vierges consacrées à Dieu, et répand partout la dévastation et la mort ; au point que les églises eurent plus à gémir qu'au temps même de la persécution de Dioclétien. »

A cette nouvelle, Sigebert, furieux, appelle à son secours les barbares encore païens de la Germanie. C'était une faute. Chilpéric en profite. Il fait alliance avec Gontran, son frère, et tous deux s'opposent aux hordes conduites par Sigebert. Mais celui-ci gagne à son tour le roi Gontran, et Chilpéric est forcé de capituler et de restituer à Sigebert toutes les villes dont son fils et lui s'étaient emparés. Cette paix, bien que fort peu sincère, causa une joie et une surprise universelles dans toute la France (2).

Ension eut-il à souffrir, par suite des violences de Théodebert, fils de Chilpéric ? Nous ne savons pas. Son abbé, Généroux, cessa de gouverner ses frères, puisqu'il se retira dans une solitude qu'il se choisit sur les bords du Thouet. Voici les circonstances de cette pieuse retraite. Généroux avait été très affligé du départ de ses chers disciples, Paterne et Scubilion. Il les avait cherchés pendant trois ans. Quand il eut découvert leur

(1) S. Grégoire de Tours, *Hist.*, IV, 48.

(2) *Mém. de la Soc. des Ant. de l'Ouest*, 2ᵉ série, t, II ; D. Chamard, *Hist. Ecclés. du Poitou*, pp. 25, 352, 369, 370.

retraite, au diocèse de Coutances, au fond de la Neustrie, sur les côtes de l'Océan, il alla les voir. Usant des droits de sa supériorité sur ces deux solitaires, il crut devoir ramener Paterne à la discrétion dans les pratiques de la pénitence, puis il revint à Ension, accompagné de Scubilion, qui devait retourner bientôt auprès de son saint ami. Peut-être Généroux avait-il conçu le projet d'en faire son successeur à Ension, car il avait résolu de se démettre de la charge abbatiale. Il ne pensait plus qu'à imiter en Poitou le genre de vie de ses deux illustres enfants.

A quelques milles de son monastère, à quelques pas de la rivière du Thouet, une colline assez semblable à celle de Scissy formait également vers sa base une excavation qui rappelait la caverne de Paterne. Protégée contre les vents du nord, elle était environnée au midi d'un bois épais, aujourd'hui transformé en prairies et en jardins, à travers lesquels le Thouet roule ses eaux tranquilles. C'est là que vint vivre et prier le saint abbé d'Ension. Après de longs jours passés dans cette solitude, il s'endormit dans le Seigneur, le 18 juillet de l'année 521 environ.

Marcien succéda à Généroux dans la conduite des moines d'Ension. Il était abbé lorsqu'il pria Fortunat, évêque de Poitiers, d'écrire la sainte vie de son collègue Pair, évêque d'Avranches, et la perle des moines d'Ension.

L'illustre évêque de Poitiers, si prodigue de correspondances poétiques et de poèmes religieux, ne ménageait pas non plus sa prose pour des sujets hagiographiques. Il consacra une large part de son temps, comme de ses écrits, à des recherches sur les saints personnages contemporains ou antérieurs, dont on lui demandait de retracer la vie. C'est à lui que nous devons, outre la vie de saint Hilaire et de sainte Radegonde, celles de saint Pair, de saint Germain et de saint Marcel, évêques de Paris; de saint Aubin, évêque d'Angers ; de saint Amand, évêque de Rodez; de saint Remi, évêque de Reims ; de saint Médard, évêque de Noyon ; de saint Lubin, évêque de Chartres, et la Passion des saints Denis, Rustique et Eleuthère, apôtres et premiers martyrs de l'Eglise de Paris.

Saint Marcien a cessé de gouverner l'abbaye d'Ension. Il a pour successeur saint Martin de Vertou. Comment ce saint a-t-il pu devenir abbé d'Ension, tout en conservant le gouvernement de sa grande famille de Vertou ? Autant d'obscurités que perce la certitude d'un fait historique. Il est très certain que saint Martin dirigea simultanément, avec sa première abbaye, celle qu'honoraient déjà les noms de saints renommés dans l'Eglise de Poitiers, tels que Jouin, Launégisile, Généroux et Marcien.

Il est une explication que l'on peut risquer avec quelque vraisemblance. La ferveur des moines d'Ension leur aura conseillé d'appeler à leur tète le pieux fondateur de Vertou. Sa renommée était telle qu'ils désirèrent profiter de son expérience consommée dans les choses de Dieu, et d'après ce que nous dit l'histoire de ses habitudes et de la fréquence de ses courses apostoliques, on peut croire que l'homme de Dieu n'hésita pas à répondre à cet appel, pour la gloire de Dieu et pour le bien de l'ordre monastique. Il faut placer cette supériorité à la fin du vi^e siècle, très peu d'années avant la mort de saint Martin, qui décéda vers 600 ou 602. Le séjour à Ension de l'apôtre de la Vendée explique les liens de fraternité qui s'établirent dès lors entre les deux abbayes du Mirebalais et des bords de la Sèvre Nantaise, fraternité dont nous retrouverons souvent la trace au cours de cette histoire.

C'est tout ce que la tradition nous rapporte de la communauté d'Ension jusqu'au viie siècle. Alors un grand nom va illustrer le célèbre monastère, c'est le nom de saint Achard, d'abord moine d'Ension, avant de devenir fondateur de Quinçay, puis second abbé de Jumièges.

Achard naquit à Poitiers, vers l'an 623 ou 624. Il était fils unique d'Anscharius (Anschaire) et d'Ermène, qui étaient fort riches et aussi recommandables par leur piété que par leur naissance.

On ignore quelle était la situation d'Anschaire. Tout jeune encore, Achard fut confié au soin d'un moine de Saint-Hilaire-le-Grand, de Poitiers, nommé Ansfrid (Ansfridus), aussi distingué par sa vertu que par son savoir. A cette école, il passa des premiers éléments des connaissances humaines jusqu'à la science la plus élevée à laquelle pouvait prétendre un jeune homme de sa condition. Il brilla au milieu de ses compagnons par ses progrès et par sa piété.

Son père voulut qu'il fût reçu à la cour parmi les antrustions, pour y être formé comme les jeunes leudes du royaume. Il passa deux ans au palais royal. Il avait dix-huit ans environ quand il demanda au monarque la permission de renoncer au monde pour suivre son attrait à la vie monastique. Il fixa son choix sur l'abbaye d'Ension, en réputation de ferveur dans la région.

Mais avant de le suivre dans le développement de sa carrière monastique, il faut faire connaître le grand homme qui devait exercer sur sa vie une influence décisive, nous voulons dire saint Filibert, fondateur des deux abbayes de Jumièges et de Noirmoutier. C'est dans la ville d'Eauze, ou tout au moins dans quelque villa seigneuriale de son territoire, que naquit Filibert, vers l'an 616. Cette date est acceptée par la plupart des historiens. Il eut pour père Filibaud. Nous ne connaissons pas le nom de sa mère, qu'il perdit peu d'années après sa naissance.

Filibaud, devenu veuf vers 620, fut promu peu après à l'épiscopat. Il occupait, par sa fortune et par ses mérites, un haut rang dans le royaume; il était, à Aire, le représentant de l'autorité royale (1).

(1) Vita s. F. n° 1. « *Regio munere, laïcali administratione.* »

Peut-être était-il gouverneur ou comte. Filibaud méritait sans doute la haute dignité dont il avait plu au roi Clotaire II de l'honorer. A cette époque, c'étaient les fidèles et le clergé qui élisaient les évêques ; mais il fallait, à cette élection populaire, l'acquiescement du roi. Clotaire II n'eut garde de le refuser à l'égard de Filibaud, homme intègre et timoré. Celui-ci fut sacré par le métropolitain d'Eauze (1).

Aire, sur la rive gauche de l'Adour, dans le département actuel des Landes, a toujours été le siège d'un évêché depuis le ve siècle. C'est donc là que grandit le fils du seigneur évêque Filibaud. Il s'appelait Filibert et fut élevé au palais épiscopal jusqu'à l'âge de quinze ans. Il n'est pas aisé de dire avec précision, à treize siècles de distance, ce que pouvait être alors la première éducation d'un enfant de noble race, au pays franc. Les documents nous fournissent, cependant, quelque lumière à ce sujet. Les seigneurs du viie siècle entretenaient assez souvent un prêtre chargé du service religieux de tout le personnel ; un grand nombre de villas gallo-romaines étaient pourvues d'une chapelle domestique. Le chapelain était, comme naturellement, le premier maître d'école des enfants du seigneur. On sait aussi que le clergé et les moines étaient entourés de la plus grande considération, et que la jeunesse chrétienne aimait à se grouper autour d'eux, pour recevoir de leur bouche les premiers éléments des lettres humaines.

Filibert trouva dans le palais épiscopal l'instruction qui faisait dire de lui à son biographe « qu'il était très versé dans les connaissances humaines » (2).

Après avoir passé plusieurs années à la cour du roi Dagobert Ier, où il entra à l'âge de quinze ans, et s'être lié avec Ouen ou Dadon, grand référendaire du palais, il se sentit poussé vers la vie monastique.

---

(1) Eauze avait onze évêchés suffragants et parmi eux celui d'Aire.

(2) Vita. s. F., n° 2. *Sæculari prudentia non indoctus.*

.Il avait vingt ans (1) quand il se retira de la cour et des dangers du monde, pour vivre sous la règle de saint Colomban, à Rebais, au monastère de Jérusalem, fondé par le référendaire de la cour, Ouen. Aile *(Agilus)* en était le supérieur.. La vertu du jeune moine fut rudement mise à l'épreuve par le démon, qui tantôt eut recours aux moyens violents, tantôt aux stratagèmes trompeurs. Filibert triompha de tout. Aile était mort vers 650. Les suffrages des moines de Rebais se portèrent, pour le remplacer, sur un jeune frère, âgé de trente-cinq ans, qui avait joui de la confiance de l'abbé-fondateur ; cet élu était Filibert. Mais le pieux abbé ne tarda pas à rencontrer des oppositions de la part de plusieurs moines relâchés. C'est ce qui lui donna la pensée d'entreprendre des voyages, pour voir quels étaient les monastères les plus sagement dirigés.

A cette époque, la claustration n'était pas aussi rigoureuse qu'elle l'est devenue plus tard, et les règles anciennes laissaient, surtout aux hommes, sous ce rapport, une assez grande latitude. Avec l'autorisation des supérieurs, les moines passaient facilement d'un monastère à un autre ; ils se plaisaient à visiter, dans un sentiment de pieuse et légitime curiosité, ou dans un but d'utilité, les monastères de leur voisinage et même des monastères éloignés. C'est ainsi que saint Paterne et saint Scubilion s'étaient éloignés d'Ension ; ainsi que leur supérieur Généroux avait entrepris le voyage de Neustrie, pour aller s'édifier au spectacle de leur sainte vie. Les faits de ce genre abondent dans la vie des saints moines et dans l'histoire des abbayes du vii° siècle et des siècles suivants..

Ces pérégrinations monastiques entraient, du reste, dans les vues de Dieu et répondaient aux besoins de l'époque, tant sous le rapport du perfectionnement de la vie religieuse que de l'extension du christianisme lui-

(1) Vita s. F., n° 3.

même, en des régions où il avait encore peu ou point pénétré. Colomban est le type de ces moines voyageurs en quête de perfection personnelle et d'apostolat. La plupart des grands moines de ce temps ont connu ce besoin des natures neuves, ardentes et généreuses. L'histoire de saint Filibert, parmi bien d'autres, nous révèle ce mouvement surnaturel de la vie cénobitique.

Le saint abbé de Rebais tendait à une perfection toujours croissante ; d'ailleurs, la règle de son monastère n'était pas encore l'idéal qu'il rêvait. Jusqu'à cette époque, les institutions monastiques n'avaient rien de bien fixe ; elles étaient le fruit d'un éclectisme plus ou moins éclairé, et variaient suivant les maisons et ceux qui les gouvernaient. Où se trouvaient les plus parfaits recueils des règles et les religieux les mieux formés à la vie cénobitique ? Bon nombre d'âmes d'élite, dans le Poitou, se posaient ces questions et cherchaient à les résoudre.

Saint Filibert était une de ces âmes assoifées de perfection, il ne se contenta pas d'étudier dans les livres les règles de saint Basile, de saint Macaire, de saint Cassien, de saint Césaire, de saint Benoît et de saint Colomban et autres encore, il voulut voir ces règles appliquées sur place. Pour cela, il fallait entreprendre des voyages.

C'est vers l'an 652 qu'il quitta la crosse abbatiale pour prendre le bâton et la besace de pèlerin. Il visita *tous les monastères* que renfermaient dans leur sein la France, l'Italie et la Bourgogne. « *Omnia monasteria que intra suum gremium Francia et Italia et tota concludit Burgundia* » (1). Abeille prudente et diligente, partout sur son chemin il a soin de recueillir d'abondantes provisions spirituelles, de s'assimiler par l'étude et par la pratique ce qu'il trouve de meilleur dans les plus renommés établissements religieux.

Il est impossible, il est vrai, de retracer l'itinéraire

(1). Vita S. Filibert, n° 6.

exact et complet suivi par l'homme de Dieu ; s'il faut prendre à la lettre l'expression de son historien : *« omnia monasteria »*, tous les monastères de France, d'Italie et de Bourgogne, rude fut son labeur. Il est plutôt à croire que Filibert fit un choix parmi les monastères les plus importants des contrées désignées.

Partout il trouve des abbés et des frères hospitaliers, heureux de le recevoir, de lui poser des questions, de s'édifier à son contact et de l'édifier lui-même. Parmi les maisons des anciennes Gaules, plusieurs sont restées célèbres et florissaient alors, comme Condat, Saint-Denis de Paris, Celle, Val-Benoît, Ension ou Saint-Jouin-de-Marnes, Saint-Gildas, Glanfeuil, etc.

Filibert trouve partout à satisfaire sa piété et son désir d'apprendre. Rien n'échappe à son regard observateur (1).

C'est sans doute dans sa visite à Ension' qu'il noua les premiers rapports d'amitié avec le jeune religieux nommé Achard dont nous avons déjà parlé. Ce fervent religieux avait, comme Filibert, vécu à la cour.

Sous les rois de la première race existait une tradition qui tirait son origine des mœurs germaniques et joua un grand rôle dans la fondation de.la monarchie. Les fils les plus distingués des maisons seigneuriales, après leur éducation première, au sein de la famille, étaient envoyés à la cour, pour y faire en quelque sorte l'apprentissage de la vie politique, administrative et militaire, à laquelle les appelait leur situation.

Par cette institution, appelée *truste*, et dont les membres portaient le nom d'*antrustions*, c'est-à-dire membres de la truste ou garde royale, le chef s'emparait du plus pur sang des meilleures familles. L'enfant, le jeune homme, s'assouplissait à un dévouement sans limite, s'attachait à son chef, au point de ne plus appartenir ni à ses parents ni à lui-même, et ne pouvoir entrer dans aucune

____

(1) Jaud, *S. Filibert, sa vie*, etc., p, passim. 70-100.

situation sans la permission du maître qu'il s'était donné (1).

En se rangeant parmi les hôtes du palais, les jeunes leudes devenaient les *hommes* du roi, d'où vint le nom d'hommage ou dévouement de l'homme à l'homme.

Voici la formule de réception d'un antrustion royal :

« Il est juste que ceux qui nous promettent une foi « entière soient protégés par notre secours. Or, notre « fidèle N. étant venu, avec l'aide de Dieu, ici, dans « notre palais, accompagné de son abrimannie (hommes « libres de son domaine), a juré *truste* et fidélité en notre « main ; nous ordonnons donc qu'il soit compté au « nombre de nos antrustions ; et si quelqu'un était assez « audacieux pour le tuer, qu'il sache qu'il sera jugé « coupable et paiera pour son verhgeld 600 sous. (2) »

Filibert et Achard avaient été reçus à la cour par ce cérémonial. Tous les deux avaient mené cette vie des leudes du palais.

Cette communauté de goût et d'éducation dut rapprocher ces grandes âmes. L'un avait dix ans de plus que l'autre ; Filibert se présentait au jeune moine d'Ension avec toute l'autorité que donnent la dignité, la science et l'expérience. Il n'est donc pas étonnant que le passage de Filibert à Ension ait exercé une influence prépondérante sur l'âme d'Achard. Il y avait environ douze ans que celui-ci menait la vie cénobitique à Ension. Peut-être eut-il recours aux lumières et aux conseils de Filibert pour mener à bien l'entreprise qu'il méditait, savoir la fondation d'un monastère. Il se rendit chez ses parents, leur fit part de son projet et leur proposa de céder, pour le nouvel établissement, leur villa de *Quinciacus* ou *Quinciacum*, Quinçay, située près du Miozon et de l'Au-

____

(1) D. Pitra, *Vie de saint Léger*, p. 11, 13, passim ; Marulfi Formula ; Migne, *Patr. lat.*, t. 87.

(2) Formule de Marulfe ; De Chergé, *Chroniques populaires du Poitou*, p. 177. Le sou d'or (solidi) valait environ 100 fr. de notre monnaie.

zance, non loin du lieu où ces deux rivières se jettent dans le Clain, à une lieue de Poitiers (1).

La fondation semble avoir eu lieu vers l'an 654 ; elle est donc bien antérieure à l'épiscopat d'Ansoald, commencé vers l'an 673, et c'est à tort que certains auteurs retardent l'œuvre de saint Achard et la placent peu de temps après l'arrivée de saint Filibert, abbé de Jumièges, auprès de l'évêque de Poitiers.

Cependant, dit Dom Chamard, le cœur d'Achard n'était pas satisfait. Il aspirait à une pratique plus parfaite de la règle bénédictine qu'il avait embrassée. La Providence le servit à point. Saint Filibert, obligé de quitter Jumièges, dont il était le fondateur et l'abbé, par suite des violences d'Ebroïn, vint demander l'hospitalité à l'évêque de Poitiers, Ansoald. Filibert était en telle réputation de sainteté, que l'abbé de Quinçay n'hésita pas à le prier de réformer son institution, qui existait depuis une vingtaine d'années. L'auteur de la vie du saint abbé d'Herio l'indique assez clairement quand il parle des anciens errements détruits et d'un accroissement du nombre des religieux par les soins de Filibert (2).

Des rapports très étroits s'établissent entre Achard et Filibert. Celui-ci fonde un monastère à Herio, en Poitou. Achard le supplie de venir le visiter pour confirmer l'œuvre de la réforme qu'il a commencée à Quinçay. Filibert lui députe deux moines, *Sidonius* et *Prado*, qui passent un mois à Quinçay, et rapportent à leur abbé la volonté formelle de l'abbé de Quinçay, se mettant sous l'autorité et la conduite de Filibert. Après huit années passées en Aquitaine, le fondateur de Jumièges a pu retourner vers ses enfants ; mais il a soif de solitude et de prières ; il estime trouver plus aisément ces deux

(1) Il ne faut pas confondre Quinçay ou Quinciacum avec Quintiacum, villa de Quintus, à deux lieues de Poitiers, au nord.

(2) « *Veteribus deturbatis erroribus ipsum. Monasterium impleverat monachis.* » (Vita S. F., n° 25).

choses à Herio. Il quitte donc Jumièges et met à sa place, pour gouvérner ses frères, le pieux abbé de Quinçay. Achard fait le sacrifice d'abandonner sa province et sa maison. Il prend la charge abbatiale à Jumièges, en 683.

Saint Filibert mourut en 684 ou 685. Jumièges s'unit à Hério pour pleurer ce père bien aimé.

Achard, dit l'historien de Jumièges, reçut bientôt avis de la mort de saint Filibert, son prédécesseur, qui venait de finir ses jours dans la solitude d'Herio. Il ressentit cette perte avec la douleur la plus vive ; en effet, elle lui ravissait un père et le privait en même temps du plus solide appui et du meilleur conseiller qu'il eût au monde (1).

Achard ne survécut que trois ans au saint ami qui lui avait confié son troupeau. A cette époque, il eut la joie de recevoir, à Jumièges, Astase, un des plus nobles citoyens de la ville de Poitiers, qui avait renoncé au monde et s'était mis sous sa conduite. Il possédait la terre de Tourtenay, en Poitou ; il en fit don à Jumièges.

Nous avons vu à l'œuvre deux grands moines du vii⁰ siècle. D'autres sont moins connus, mais féconde fut leur action. Il faut se rappeler combien était entreprenant le monachisme à cette époque, en face des besoins d'un pays où la civilisation commençait de pénétrer. A Ension, une grande partie des terres étaient encore couvertes de genêts, d'ajoncs et de bruyères sauvages ; moines et colons les défrichent au prix de pénibles labeurs, puis les ensemencent, et bientôt on les voit se couvrir de riches moissons ; un tel exemple anime au travail les habitants du pays, et ainsi sont mis en rapport de vastes terrains jusque-là improductifs.

Les moines cultivent la vigne. Nul doute que les premiers dessèchements, dans certaines parties voisines de la Dive et particulièrement dans le voisinage de Moncontour, ne soient dus à l'initiative des moines agricul-

(1) *Hist. de l'Abb. royale de Jumièges*, t. I, p. 53.

teurs, vignerons ; les moines d'Ension se font aussi ingénieurs, ils tracent des routes et construisent des ponts pour la commodité de la circulation et des transports.

Les religieux trouvent dans le travail manuel, en même temps qu'un moyen de subsister et d'exercer la charité envers les populations pauvres, un exercice de pénitence et de sanctification et la préparation d'un apostolat fructueux. Ils se font bénir, en effet, des habitants par leurs bienfaits et ouvrent les cœurs à une prochaine et sincère conversion. Atteindre les âmes par les corps, améliorer la vie présente en vue du salut des âmes, telle est leur tactique aussi surnaturelle qu'habile. Ils ne sont pas de simples civilisateurs, mais avant tout des apôtres ; tout en dressant leurs colons au travail industriel, destiné à leur rendre l'existence plus heureuse, ils élèvent leurs pensées plus haut et les forment au travail supérieur de la vie chrétienne.

A Ension comme ailleurs, les moines ne négligent pas l'esprit de leurs protégés ; après la séance du travail matériel, c'est par l'instruction qu'ils préparent les intelligences et les cœurs à la connaissance et à l'amour des vérités de la foi.

Lé parti-pris seul a pu traiter d'ignorants et d'obscurantistes des hommes qui ont été les porte-flambeaux de la science à leur époque, et dont les maisons furent alors l'unique refuge de l'activité intellectuelle.

On trouve à Ension une école monastique. Cette école se partage en école majeure et en école mineure. La première est réservée aux religieux ; on y enseigne l'Écriture sainte, la théologie, les Pères de l'Eglise, le droit ecclésiastique et même les sept arts libéraux, savoir : la grammaire, la rhétorique, la philosophie, l'arithmétique, la musique, la géométrie, l'astronomie. L'activité des frères n'est pas épuisée par les travaux extérieurs ; il y a des heures réglementaires pour l'étude et la lecture ; il est permis, aux esprits plus élevés et plus ouverts, de se livrer surtout au labeur intellectuel . Le jour ne suffisant pas toujours à leur désir d'apprendre, il leur est permis de prendre sur leur sommeil et d'employer à la lecture leurs heures d'insomnie.

L'école mineure est publique ; on y reçoit les enfants de toute condition, et on leur apprend les principes de la foi, l'oraison dominicale, les psaumes, le chant, la grammaire, l'arithmétique, etc.

En se faisant maîtres d'école, les moines ne sortent pas de leur rôle ; l'école est, dans leur pensée, le vestibule de l'église, un instrument de civilisation et de conversion, un moyen de former des hommes éclairés, pour en faire de solides chrétiens.

Pendant que Ligugé continuait de fort bonnes études, Ension voyait sortir de ses cloîtres plusieurs évêques et abbés qui répandaient au loin les saintes traditions, avec l'intelligence des belles-lettres. C'était l'influence des habiles maîtres inspirés par Fortunat. Ension, en effet, avait son école mineure, où il recevait, avec les oblats ou aspirants à l'état monastique, des enfants qu'il formait à la connaissance de la religion. Cette école était pour le monde ce qu'était pour les clercs la maison épiscopale. Dans celle-ci, les aspirants à la cléricature prenaient les éléments de la lecture, de l'écriture et du comput ecclésiastique par lequel ils devaient calculer le retour annuel des fêtes mobiles, toutes basées sur la date de la Pâque. L'Église avait aussi recommandé aux curés d'élever chez eux, en plus grand nombre qu'ils pourraient, des enfants capables de continuer un jour les travaux de leur ministère sacerdotal par la science des choses saintes, l'habitude des cérémonies, l'estime et la pratique des bonnes mœurs.

En dehors de cette instruction, il n'y avait pour le peuple que la prédication et l'enseignement de la chaire. La source du savoir était dans les maisons religieuses (1).

(1) Auber, *Hist. gén. du Poitou*, t. II, p. 377.

Les œuvres de miséricorde corporelle allaient de pair,
à Ension, avec les œuvres de miséricorde spirituelle.
On enseignait les ignorants et l'on secourait efficacement
les malheureux. On sait avec quelle sollicitude l'Eglise,
dès les premiers temps, s'occupa du soin des pauvres,
des malades, des infirmes, des incurables même.
Quand on parcourt les canons des conciles tenus du
ive au vi^e siècle, on est frappé de la prévoyance des
Pères, de la sagesse des mesures qu'ils prescrivaient.
On trouve aux époques les plus éloignées des traces de
certaines œuvres charitables que nous croirions n'avoir
jamais existé avant ces derniers temps, comme l'hospitalité de nuit, la bouchée de pain, les secours à domi-
cile (1).

On gardait, au viie siècle, dans l'abbaye d'Ension, la
touchante habitude, qu'y avait introduite le fondateur,
de confectionner des instruments de labour et de les
distribuer aux paysans qui venaient les réclamer.

On nourrissait aussi des troupeaux de bœufs, de mou-
tons et de porcs, pour servir à la nourriture des cam-
pagnards, surtout dans les temps de disette. Outre ces
secours, à Ension, comme à Saint-Maixent et à Nouaillé,
on donnait chaque semaine des vivres à un certain
nombre de pauvres. La viande, les légumes, le vin, les
vêtements, rien ne manquait à ceux qui, sans cette
source inépuisable, auraient manqué de tout.

Chaque monastère était pourvu, soit dans ses bâtiments intérieurs, soit au dehors, d'une hôtellerie et
d'un hôpital où étaient recueillis les étrangers et les
malades. Un religieux veillait, dès leur arrivée, au
bien-être des hôtes, c'était le procureur des pauvres ;
un autre prenait soin de leurs chevaux. Dans la campagne, les malades étaient visités par un moine qui les
consolait et leur apportait des remèdes. Telle était pour
les pauvres la tendresse de ces hommes qu'on se plaît

(1) Coyecq, *Hôtel-Dieu de Paris au moyen âge*, t. I, p. 22.

aujourd'hui à dénigrer. A lire le texte des règles monastiques, et surtout à les voir mettre en pratique, on dirait qu'on cherchait jusqu'à des prétextes de faire l'aumône (1). Après cela, faut-il s'étonner de l'empressement des peuples à venir habiter auprès des monastères ? Faut-il s'étonner des agglomérations de maisons qui finissaient par constituer des bourgades ou même des villes autour des maisons religieuses qui avaient exercé une attraction si puissante ? Le bourg de Saint-Jouin-de-Marnes n'eut pas d'autre origine.

D'après un vieux légendaire, le monastère de Saint-Jouin fut entièrement ruiné par les Sarrazins en 730 (2).

Chose remarquable ! Fondée sur le tombeau de son saint patron, l'abbaye d'Ension eut, au point de vue monastique, la même destinée que les deux abbayes de Saint-Martin de Tours et de Saint-Hilaire de Poitiers. L'abbaye de Saint-Martin est d'abord habitée par des moines (3). En 796, l'observance est déjà relâchée. En 791, un petit nombre se disaient moines, et dès les années 813 et 818, c'est la sécularisation. Le même phénomène s'observe à Saint-Hilaire de Poitiers. Au mois de juillet 768, le roi Pépin dit encore : « *Bertinus, abba de monasterio sancti Hilarii... abba suique monachi...* » (4). En juillet 780, ces moines ne prennent déjà plus ce titre dans leurs signatures.

Enfin, en mai 808, c'est-à-dire à la même époque qu'à Saint-Martin de Tours, la règle de saint Benoît y est abolie. Les uns vont à Nouaillé continuer l'observance monastique, les autres restent à Saint-Hilaire, avec l'habit de chanoines.

Nous constatons la même décadence monastique à

(1) Auber, *Hist. gén. du Poitou*, t. II, p. 394.

(2) *Ex vetri Legendario Jouiniano*. Arch. de la Mairie de Saint-Cassien. Registre de 1665 à 1700.

(3) Mabillon, *Ann. Benedict.* lib. I, 20 ; VIII, 31.

(4) *Mém de la Société des Ant. de l'Ouest*, t. XIV (1847), p. 1-2.

Ension. Au vii⁰ siècle, c'était encore la ferveur qui avait produit saint Généroux, saint Pair, saint Scubilion, saint Mérulphe et saint Achard. Plus tard, à la faveur des invasions des Goths et des Sarrazins, nous disent les auteurs de la *Gallia Christiana*, le relâchement s'introduit à Ension. Les moines finissent par abandonner leur règle pour suivre celle des chanoines.

On remarque que les monastères enclavés dans des remparts, et protégés contre les attaques de l'envahisseur, montrèrent plus de ténacité au maintien de la stricte observance. Ils avaient été plus généralement épargnés et par là maintenus dans leurs habitudes de ferveur. Tels furent Saint-Savin, Saint-Maixent et Charroux. Au contraire, Ligugé, Saint-Hilaire de Poitiers, placé sous les murs de la cité, et Ension, n'eurent pas le même bonheur. Ces maisons, isolées de tout secours par leur position même, furent plus d'une fois maltraitées par les irruptions des guerres civiles et étrangères.

Ension, qu'on appelait déjà aussi Saint-Jouin-les-Marnes, avait subi de cruelles atteintes des guerres de Pépin-le-Bref en Aquitaine, et de celles qui s'en étaient suivies sous Charlemagne. Ces derniers conflits surtout lui furent funestes, et la maison, pillée et brûlée par des partis opposés, resta plusieurs années dans un lamentable état de délabrement. Ce ne fut qu'après la paix, et moyennant de coûteux efforts, que l'on put arriver à une reconstruction des lieux réguliers et à y rendre la vie plus conforme à l'esprit des saints fondateurs. Mais, par le malheur des temps, la discipline, forcément abandonnée, s'était affaiblie dans ces âmes d'abord si ferventes, et quand il fallut reprendre les austères habitudes de la règle, on trouva que son joug était un peu trop lourd, et l'on chercha à l'alléger.

On trouvait, d'ailleurs, dans les tendances de l'époque, un prétexte et des moyens qui ne favorisaient que trop cette lâcheté regrettable. En un mot, les moines d'Ension étaient devenus des chanoines réguliers. Les troubles qui avaient désolé le Poitou avaient introduit ce régime plus facile.

Tout en usant du cloître et du réfectoire commun, chacun avait obtenu le droit de propriété, son patrimoine et la jouissance des bénéfices ecclésiastiques. La règle des chanoines réguliers ne les obligeait pas à la résidence perpétuelle, ni à l'abstinence des viandes, ni à des jeûnes aussi fréquents, ni enfin à la pauvreté volontaire ; elle alliait, en un mot, la piété et la vie intérieure avec des accomodements qui diminuaient les salutaires rigueurs de la pénitence. C'était l'abandon de la vie primitive pour une vie plus large et plus commode.

Comme un tel état avait cependant quelque chose de plus parfait que la vie du clergé séculier, à qui un ministère actif rendait impossibles de tels liens, l'Eglise avait accepté cette existence mixte qui, d'ailleurs, n'était pas incompatible avec le soin des âmes.

Un concile, tenu à Aix-la-Chapelle, en 816, avait autorisé en sa faveur une règle proposée par Amalaire, l'une des gloires de l'Eglise de Metz. Cette règle, tout en permettant aux chanoines réguliers le droit de propriété sur leur patrimoine et la jouissance des bénéfices ecclésiastiques, les forçait à loger dans des cloîtres exactement fermés et à n'user que de dortoirs et de réfectoires communs (1).

Après que de telles règles eurent été mises en vigueur, quelques communautés obtinrent d'échanger pour elles celles qu'elles avaient suivies jusque-là. C'est ce que l'on fit à Saint-Jouin-de-Marnes, à la fin du viiie siècle. Toutefois, on avait accompli ce changement si radical sans l'assentiment du souverain.

Fulrade. Un abbé Fulrade, qu'on voit à la tête de la communauté, fut sans doute du nombre des religieux

____

(1) Labbe, *Collect. des Conciles*, IX, p. 1099.

qui avaient opté pour le nouveau régime, et les nouveaux chanoines l'avaient mis à leur tête, comme ayant fait ses preuves dans cette réforme à rebours. Son abbatiat fut d'ailleurs fort obscur ; il n'a laissé d'autre souvenir que celui-là. Il est vrai que les assauts subis par les maisons monastiques en ce siècle effacèrent la plus grande partie de leurs archives. C'est ce qui explique comment les annales d'Ension ne nous signalent que cinq ou six abbés en quatre cents ans.

Cette transformation de la vie monastique d'Ension dut subsister près d'un siècle. De ce siècle, nous ignorons toute l'histoire. Nous savons seulement que, vers le milieu du ixe siècle, une révolution considérable introduisit la règle monastique dans notre abbaye. Au surplus, la première période de l'existence de l'abbaye d'Ension est remplie d'obscurités, par suite de la perte des documents de cette époque reculée.

Tout ce que nous savons, c'est qu'elle fut pendant longtemps une pépinière de saints. Au reste, nous ne connaissons ni ses abbés, à part trois ou quatre, ni ses relations avec Vertou. Les uns font dépendre Ension de Vertou à l'origine, les autres lui donnent une vie autonome et indépendante. Il en est qui font gouverner les deux maisons simultanément par saint Martin de Vertou et saint Launégisile. Le silence des archives empêche toute conclusion. Heureusement qu'à ce silence supplée le Livre des miracles de Saint-Martin de Vertou pour l'époque qui va suivre.

CHAPITRE III

Translation du corps de saint Martin de Vertou à Ension

TROIS HISTORIENS DE VERTOU. — SAC DE NANTES. — L'AVOUÉ BODILON. — FUITE DES MOINES DE VERTOU. — HALTE A « NOVIHERIA ». — ARRIVÉE A ENSION. — VOYAGE EN AUVERGNE. — LE ROI PÉPIN. — LE SEIGNEUR LANDRY. — RETOUR A ENSION. — BODILON BLESSÉ. — LA RÈGLE DE SAINT BENOIT A ENSION.

Ension était resté en union de confraternité avec Saint-Martin-de-Vertou. A quel titre ? On ne le sait pas précisément. Peut-être les premiers liens de cette union fraternelle avaient-ils été noués dès le vi^e siècle. Elle avait persévéré à travers les vicissitudes des temps. C'est ce qui justifie le sentiment de confiance qui engagea les moines de Vertou à se-porter vers Ension, où ils comptaient trouver asile et protection, lors des malheurs qui vinrent s'abattre sur leur maison.

Fulrade ne devait plus être à la tête des chanoines d'Ension. Il devait avoir eu un ou plusieurs successeurs. En tout cas, l'abbé d'Ension vivait paisible, ne se doutant nullement des événements accomplis à quarante lieues de distance. On était en l'année 843 environ (1).

(1) Les historiens ne sont pas d'accord sur l'époque de la première invasion des Normands conduits par Hasting sur la Loire. Le P. Pagi et Dom Bouquet assignent l'année 838, Duchesne 841 et le cardinal Baronius 845. Plusieurs se sont trompés, avec D. Lobineau, en datant de 878 la translation de saint Martin de Vertou à Saint-Jouin-de-Marnes. Les Bollandistes ont réfuté cette erreur dans leur *Prologus-Prævius*, p. 802.

Ce que nous allons dire de la translation de saint Martin de Vertou et de ses miracles est appuyé sur le récit de trois historiens. De ces trois historiens, l'un date de la fin du viii° siècle et touche au ix°. Son manuscrit fut trouvé dans la Bibliothèque de Saint-Sauveur, à Utrecht, et avait sans doute été composé sur des chroniques écrites dans le monastère de Vertou jusqu'à l'époque de la première invasion des Normands. Le second, à peu près de la même époque, ou peut-être un peu plus récent, a été publié par Mabillon (1). Il résulte de cette différence de dates que le second opuscule est augmenté de ce qu'un certain nombre d'années a permis d'ajouter au premier, en fait de miracles ou de translations du corps de saint Martin de Vertou nécessités par les incursions des pirates. Quant au dernier manuscrit, c'est moins un récit qu'un éloge oratoire, intitulé *Miracles et Translations* (2). Les Bollandistes ont donné les deux premiers entièrement et se sont contentés de citer du troisième quelques traits que nous reproduirons nous-même à l'occasion.

Le monastère de Vertou était dans toute son efflorescence, et ses pieux habitants étaient toujours animés de l'esprit de leur fondateur. Ils avaient pour abbé, Raimbaud, homme capable, quoiqu'il n'eût jamais paru sur la scène du monde. Cet homme allait faire face à de grandes infortunes avec une énergie égale à sa prudence.

Pendant que Nantes subissait toutes les horreurs d'une ville prise d'assaut par les Normands, les citoyens qui avaient pu s'enfuir apportèrent à Vertou la fatale nouvelle. Les moines ne perdirent pas de temps, et l'un d'eux a raconté quels soins furent pris des objets précieux conservés dans le trésor du florissant monastère (3).

(1) *Annalium Benedictinorum*, 1° sæculo.

(2) *Miracula et Translationes*, t. X d'octobre, publié à Bruxelles par les nouveaux Bollandistes, en 1861.

(3) Bolland. t. II, *junii*, p 210, etc., *vita sancti Martini*.

Ils enfouirent ce qu'ils avaient de plus riche dans des cachettes choisies pour la plupart dans l'église même, sous le pavé, dans la masse des autels, ou dans les cloîtres. Nous savons par le récit du religieux qu'une foule d'objets précieux furent ainsi soustraits à la rapacité de ces nouveaux Vandales. On enterra même dans la forêt voisine de l'abbaye d'énormes masses de plomb destinées à la reconstruction de l'église abbatiale (1).

La maison avait pour avoué, selon la coutume du temps, un certain Bodilon, gentilhomme de la contrée, qui promit de veiller sur le pieux dépôt. Il sera bon de dire la nature des fonctions qu'il était chargé de remplir dans l'intérêt de la communauté.

Le temporel, ou les intérêts matériels des monastères, leurs droits, etc., pouvaient se trouver compromis et attaqués par des laïcs, et ce n'étaient pas des ecclésiastiques qui étaient chargés de les défendre devant les tribunaux ou dans les assemblées publiques, mais bien des hommes versés dans la connaissance des lois, et qui, parfois, occupaient une position sociale très élevée ; ces hommes étaient nommés les *avoués* (2) *(advocati)* des monastères. Les évêques, les abbés et les grands vassaux du roi assistaient ordinairement aux assises, tenues trois fois l'an dans chaque comté, soit en personne, soit par leur vidame *(vice domini)*, et leurs avoués munis de mandats qui leur conféraient tous les pouvoirs nécessaires. Outre ces assises solennelles, il y avait encore, dans chaque viguerie des plaids locaux qu'on tenait chaque mois pour juger les causes ordinaires, sous la présidence d'un officier du viguier du comté. Les avoués y plaidaient et dressaient les procès-verbaux des séances.

Ils défendaient non seulement les intérêts des com-

(1) On couvrait alors les toitures avec des lames de plomb tirées d'Angleterre.

(2) On les appelait aussi *défenseurs (defensores)*.

munautés religieuses, mais aussi ceux des femmes, des mineurs et des sexagénaires ; ils leur servaient de champions et se battaient pour eux si le duel judiciaire était déféré à leur cause. Ce titre d'avoué fut pendant longtemps en grand honneur. Pépin et Charlemagne (1) s'intitulaient les avoués de l'Eglise de Rome ; Hugues Capet, duc de France et comte de Paris, fut l'avoué de Saint-Riquier, et Godefoy de Bouillon ne voulut porter d'autre titre que celui d'avoué du Saint-Sépulcre.

Les villes et les corporations se choisissaient également des avoués qui administraient leurs biens, surveillaient la rédaction des actes et recevaient les donations. Les avoués des abbayes étaient en outre chargés de conduire à la guerre les vassaux qu'elles devaient fournir au roi pour chaque campagne.

Les fondateurs de communautés religieuses exerçaient les fonctions d'avoué et les transmettaient à leurs descendants ; mais comme ceux-ci s'autorisaient souvent de leur titre pour spolier les abbayes, les communautés se virent forcées, pour échapper à ces conséquences, de racheter ce droit, qui fut définitivement aboli au xive siècle

L'avoué de Vertou, Bodilon, était un homme au dévouement inlassable. Il rendit de grands services aux moines au cours de leur douloureuse exode.

A Saint-Martin-de-Vertou, on avait exhumé tout récemment les restes du pieux fondateur. On les plaça dans une châsse d'or enrichie de pierreries. On disposa cette châsse garnie du précieux fardeau sur une litière qui devait être portée à bras par les frères, se relevant tour à tour.

Six barques se trouvèrent disposées, sur la Loire, à recevoir la pieuse colonie et ses cargaisons. On y transporta à dos de bête de somme tout ce qu'il fut

---

(1) Charlemagne, dans un diplôme cité par Baluze, se déclare le défenseur de l'Eglise, « *sanctæ ecclesiæ defensorem* ».

possible de soustraire au pillage, puis on se mit en route, côtoyant le rivage. Ce n'était que sanglots, dans une confusion inexprimable, au milieu de tant de gens qui se voyaient livrés à leur initiative personnelle. Pour comble de malheur, le vent, qui souffla tout à coup avec une grande violence, fit sombrer deux embarcations trop chargées. Néanmoins, on accélérait la course pour échapper aux poursuites de l'ennemi. L'abbé Raimbaud donna ordre de s'arrêter dans une petite ville nommée *Noviheria*.

Plusieurs ont identifié *Noviheria* avec Vihiers. C'est une erreur, la forteresse de Vihiers n'ayant été élevée que cent cinquante ans plus tard par Foulques Néra.

Impossible également de confondre *Gennes* avec *Noviheria*. Cette ancienne ville romaine n'a jamais porté ce nom et nulle tradition locale n'y signale la présence du tombeau de saint Varent *(sanctus Veterinus)*.

Il faut placer *Noviheria* à Saint-Varent, chef-lieu de canton de l'arrondissement de Bressuire, à 120 kilomètres au sud-est de Vertou, à 12 kilomètres au sud de Thouars et à 15 kilomètres à l'ouest de Saint-Jouin-de-Marnes Saint Varent a vécu dans le cloître d'Ension, et il a donné son nom à une paroisse du diocèse de Poitiers, si l'on en croit l'historien Dufour (1). Cet auteur prétend que ce lieu est le même que *Noviheria*.

MM. Loth et Halphen ont écrit, dans leur ouvrage intitulé : *Le règne de Charles-le-Chauve* (p. 80) :

« Les Normands redescendirent le fleuve (la Loire) sans trop se presser. Le monastère d'Indre, dans une île, à 8 kilomètres en aval de Nantes, épargné sans doute par prudence la veille du coup de main, fut cette fois brûlé (29 juin). Les moines de Saint-Martin-de-Vertou, à deux lieues au sud-est de Nantes, eurent peur et prirent la fuite ; ils se réfugièrent à Saint-Varent-en-Thouarsais, » Une note de la page 80 de cet ouvrage

______

(1) *Mém. de la Soc. des Ant. de l'Ouest*, t. XXXIII, p. 137.

renvoie à Krusch *(Monumenta Germanorum scriptorum,* t. III, p. 573). Il nomme l'auteur Letaud de Saint-Mesmin *(Lethaldus Miciacensis),* qui a vécu à la fin du Xe et au commencement du XIe siècle. La localité où les moines se réfugient « *Noviheria ubi beatus Veterinus quiescit humatus* » est Saint-Varent.

Un autre auteur, La Borderie *(Histoire de Bretagne,* t. II, p. 313, note 3, dit la même chose :

« Les moines de Vertou réfugiés à Saint-Varent » eurent la prétention de soumettre à leur autorité le monastère voisin de Saint-Jouin-de-Marnes *(Ensionense cœnobium),* à trois lieues de là. « S'il en faut croire l'hagiographe, ils se rendirent avec le corps saint en Auvergne, auprès du roi Pépin « *qui per id tempus regnator erat Aquitanorum, etc.* »

Ces conclusions sont conformes aux découvertes de M. l'abbé Gallais, curé-doyen de Saint-Varent. Il a trouvé dans sa paroisse le village de Noyare *(Noviheria),* un lieu appelé *Saint-Varent* et un autre, voisin, dénommé le *Paradis.* Tous ces termes sont l'indice de la sépulture qui a donné son nom à la paroisse et que l'hagiographe Letaud, du Xe siècle, appelait « *Noviheria ubi beatus Veterinus quiescit humatus* ». On appelle dans la contrée Saint-Varent *Saint-Verrin,* abréviation de Vétérin *(Veterinus),* comme Verrines est une abréviation de Veterines.

Les moines de Vertou, arrivés par la Loire, et peut-être par le Thouet, avaient débarqué et pris la route de de terre pour se reposer à *Noviheria,* où les attirait le corps d'un saint jadis membre du couvent d'Ension. Là, ils séjournèrent après beaucoup de fatigues que leur firent oublier les nombreux miracles dont la caravane était témoin.

A peine les moines de Vertou avaient-ils pris la fuite que leur abbaye était devenue la proie des flammes et ruinée de fond en comble. Toute la contrée subit le même sort. Dans ces malheureuses campagnes, pas une chaumière ne resta sur pied. C'en fut fait des abbayes, qui ne devaient jamais se relever qu'à demi de tant de ruines. Tels furent les tristes exploits des farouches hommes du Nord en Bas-Poitou.

La pieuse caravane gardait avec le plus grand respect ses pieuses reliques et voulait leur ménager un asile à Ension, à l'entrée du Loudunais.

Mais là les attendaient des difficultés qu'ils n'avaient pas prévues.

L'abbé Raimbaud dépêcha un de ses religieux vers l'abbé d'Ension pour lui demander de le recevoir, lui et ses confrères, avec le corps de leur illustre et saint Patron.

L'abbé d'Ension rassembla à la hâte sa communauté. Celle-ci comprit que ce rapprochement pourrait bien compromettre la vie canoniale au profit de la règle monastique ; que les moines de Vertou pourraient prétendre à la domination sur leurs hôtes, et que la paix ne serait pas possible entre eux et les arrivants.

On fit répondre aux moines voyageurs qu'ils n'avaient qu'à se retirer. Les moines de Vertou auraient résisté en vain. Ils se résignèrent donc à ce déni de compassion pour leur infortune et à cette espèce d'impiété qui refusait un asile aux restes d'un saint. Ils eurent recours à la voie de l'autorité, celle de la persuasion ne leur ayant pas réussi. Ils reprirent leur marche pénible pour se diriger, à travers le Poitou, le Berry et le Limousin, jusqu'en Auvergne, où résidait alors Pépin II. Ce prince maintenait toujours ses prétentions contre Charles le Chauve, et le Poitou lui était toujours soumis.

Les moines de Vertou arrivèrent à Clermont, résidence du prince, après beaucoup de fatigues, mais ils étaient honorés partout, dans les villes et les villages, à cause du précieux dépôt dont ils n'avaient pas voulu se séparer. On peut se demander où ils avaient laissé le reste de leur énorme bagage. Peut-être l'avaient-ils déposé provisoirement à *Noviheria*, dans la pensée de venir l'y reprendre après leur installation définitive.

Soit que Pépin II voulût faire acte d'autorité dans un pays dont on lui contestait le domaine, soit que Dieu, qui tient en sa main le cœur des rois, lui inspirât des sentiments de pitié et de respect, il accueillit les moines avec bonté et fit droit à leurs réclamations.

Par une coïncidence providentielle, il avait alors à sa cour Landry, comte et gouverneur de la Saintonge, qui tenait de l'abbaye de Vertou, à bail emphytéotique, un fief qui était un bénéfice ecclésiastique, et qu'on lui avait abandonné contre toutes les règles canoniques. Ce fief était un bourg de la Saintonge que les chroniqueurs du temps désignent sous le nom de *Branziacum*, et dont on ne sait plus la position. Les véritables propriétaires ne craignirent pas de revendiquer leur bénéfice, en présence même du détenteur, et, chose étrange, le comte se prêta de bonne grâce au désir des moines. Peut-être fut-il incliné à cette restitution par la bonne volonté qu'il vit dans le roi et par ses dispositions favorables à leur égard. Toujours est-il qu'il réclama lui-même des lettres patentes prescrivant la remise immédiate du domaine aux religieux. Pour lui, c'était un moyen politique et sûr de plaire au monarque.

Ce seigneur Landry était un homme cupide et ambitieux, comme la généralité des seigneurs ses contemporains. Il vit les Normands faire de terribles incursions dans sa province et, au lieu de s'entendre avec ses voisins pour les repousser, il bataillait avec eux pour un château ou une portion de territoire. Il fut tué, on ne sait au juste à quelle époque, mais certainement entre les années 866 et 890, dans un combat contre Ennemond, comte d'Angoulême, qui le blessa lui-même mortellement (1).

Mû de pitié pour la situation intéressante des moines de Vertou, Pépin ordonna la remise immédiate de l'abbaye d'Ension et de ses dépendances entre leurs mains. Il chargeait en même temps Raynulfe, comte de Poitiers,

(1) Rainguet, *Biographie saintongeaise*, p. 339.

de veiller à l'exécution de ses ordres et de chasser d'Ension les chanoines qui ne voudraient pas revenir à la règle primitive. Le triomphe était complet. Les exilés reprirent leur route pour le Poitou. Ce dernier voyage ne fut pas moins glorieux que les autres pour saint Martin de Vertou, dont ils portaient les reliques en chantant des psaumes.

De nombreuses guérisons récompensèrent la foi des habitants sur leur passage.

Imitant la sobriété de notre chronique, nous ne rapporterons qu'une seule de ces guérisons, dont les circonstances intéresseront le lecteur, parce qu'il y verra une récompense accordée au dévouement d'un ami des moines fugitifs, et de curieux détails sur plusieurs pratiques chirurgicales de ce temps.

Nos moines suivaient leur route avec les saintes dépouilles de leur patron, quand ils arrivèrent à la lisière d'un bois, où ils firent halte pour se reposer et prendre leur nourriture. A peine étaient-ils assis, qu'une douzaine de voleurs, dont ce bois était le repaire, se jeta sur les chevaux chargés de bagages et se mit à les chasser devant eux. Bodilon, l'avoué de la communauté, fut le premier à s'en apercevoir. Sauter sur ses armes, se lancer sur les larrons, en renverser plusieurs et mettre les autres en fuite, fut l'affaire d'un moment. Il put recouvrer ainsi tout ce que les bandits avaient ravi, mais il avait reçu dans le côté une profonde blessure. Les moines, qui lui voyaient perdre des flots de sang, se prirent à pleurer, car ils l'aimaient beaucoup à cause de sa douceur et de son dévouement. Pour le panser, ils appliquèrent sur sa blessure une plaque de lard, qu'ils assujettirent avec des bandes. Son état étant toujours grave, et comme il refusait toute nourriture, on décida de passer la nuit dans cet endroit et de le veiller. La nuit n'apporta pas de changement dans l'état du blessé, et le matin survenant, on dut se décider à le placer à demi-mort sur une monture et à continuer le voyage. Les voyageurs étaient désolés. Bientôt, on arriva au détour d'une vallée où le sentier se rétrécissait ; la marche, devenue difficile, força ceux qui portaient la châsse à l'assujettir sur des chevaux. On comptait sur leur pied plus sûr pour éviter tout danger, ce qui n'empêcha pas qu'en un certain endroit ils hésitèrent et firent craindre un accident.

A ce moment, notre blessé comprend le péril, pousse son cheval, oublieux de sa fatigue, et arrive assez tôt pour soutenir de ses mains et les chevaux et leur précieux fardeau. Un peu après, la route étant devenue meilleure, il mit pied à terre pour serrer la sangle de son harnais, et dans l'effort qu'il fît, il rompit ses bandages sans s'en apercevoir. Il se remit en selle, mais bientôt il sentit glisser sur lui le lard qui avait recouvert sa plaie. Sentant alors une certaine humidité mêlée de quelque chaleur, il crut que ses entrailles s'échappaient par sa blessure et qu'il allait mourir. Un cri plein de terreur fit comprendre à ses voisins son anxiété. On s'empresse autour de lui, on le couche sur un tertre, et quel n'est pas l'étonnement général et le sien propre lorsque, visitant la blessure, on la trouve entièrement disparue, sans la moindre cicatrice. A peine l'œil pouvait-il saisir, à la surface de l'épiderme, un léger filament couleur de sang indiquant l'espace tranché par le fer. Ainsi, l'auteur du miracle en voulait monumenter le souvenir impérissable. Notre homme ne pouvait assez témoigner sa reconnaissance à saint Martin, ni la redire aux frères, aussi heureux que lui de cette nouvelle preuve de la puissance de leur saint abbé.

La colonie de Vertou revint à Ension forte de l'appui de la puissance royale. Force fut donc aux chanoines réguliers de lui céder la place. Elle prit possession de sa nouvelle demeure et substitua à la règle canoniale celle plus généralement admise de saint Benoît.

Mais les Normands, que l'on avait évités sur la Loire,

menaçaient le Poitou. Une pièce du temps, adressée par le comte de Poitiers Raynulfe à Warinus, abbé de Nouaillé, nous fait connaître la *taxe des Normands*. A l'approche de ces farouches envahisseurs, on sentait le besoin de s'armer pour une sérieuse résistance. De là la lettre du comte à Warinus ; il est à croire que tous les monastères poitevins reçurent alors la même missive. En voici le texte :

« Au nom de Jésus-Christ, notre Sauveur (1), et par l'ordre de Charles, par la volonté de la divine Providence, roi des Aquitains, nous, Rainulfe, comte de Poitou, faisons connaître au sérénissime et révérendissime Warinus, abbé du monastère de Nouaillé, qu'attendu le malheur des temps et la nécessité où nous sommes de pourvoir à la sûreté de la contrée sous notre sauvegarde, nous attendons de lui aide et protection pour repousser les incursions de ces redoutables pirates du Nord qui infestent nos côtes et pénètrent même avec audace jusqu'au cœur du pays.

« Nous croyons devoir mettre sous les yeux de Sa Révérence les dispositions principales des ordonnances des rois et empereurs de glorieuse mémoire qui ont gouverné les Gaules, pour régler la part que chacun doit prendre aux charges et à la défense commune dans la mesure de ses forces et de ses richesses.

« Attendu les capitulaires de notre glorieux Charles-le-Grand, datant des premières années de ce siècle, le service militaire est dû par les hommes libres, propriétaires d'*alleux* ou de *bénéfices* en proportion du territoire dont ils jouissent. C'est à savoir : le propriétaire de trois manoirs ou manses (2) (métairies) doit s'équiper et marcher en personne. Les possesseurs d'une ou deux manses se réuniront pour équiper l'un

(1) Mabillon affirme que ces formules étaient consacrées dans tous les actes de cette époque.

(2) La *manse* était un fonds de terre pouvant nourrir un colon avec sa famille et lui permettre de payer le cens à son propriétaire.

d'eux. Les plus pauvres, qui possèdent un avoir de solidi, se réuniront par six pour équiper aussi l'un d'eux.

« Les bénéfices ecclésiastiques sont soumis à la taxe comme les autres ; mais comme un édit, rendu en la troisième année du règne de Charles, a défendu, à l'avenir, aux abbés et évêques d'aller en personne à la guerre comme auparavant, ils se feront remplacer à la tête de leurs hommes par un chef désigné par l'empereur même, dans le cas que l'abbé et l'évêque seraient désignés pour accompagner le souverain et ses chefs de guerre, afin d'administrer les sacrements aux mourants. Les abbés ne pourront retenir pour leur service dans l'abbaye que deux laïcs au plus, sous peine de payer une forte amende aux *missi dominici* (1).

« Nous vous rappelons encore que tous les hommes de guerre doivent se rendre à l'armée avec une lance, un bouclier, un arc muni de deux cordes et de douze flèches, une cuirasse et un casque ; ils doivent apporter avec eux pour trois mois de vivres, à dater du jour de leur arrivée sur le point de réunion indiqué, sous peine de soixante sols d'amende ou de devenir serfs du roi, et celui qui quitterait l'armée pendant la campagne serait inexorablement puni de mort.

« Si le révérend abbé de Nouaillé préférait payer une taxe à fournir des hommes, elle serait acceptée pour solder les gens de guerre que le malheur du temps a ruinés et multipliés hors de toute mesure et qui viennent continuellement nous offrir leurs services pour la défense commune. La taxe sera également reçue en espèces d'or ou d'argent, en vêtements, en armes, en chevaux, en grains et en bestiaux.

« Et nous avons signé de notre main cette missive, à laquelle, pour plus de sûreté, nous apposons en outre notre sceau.

(1) Les *missi*, pris souvent parmi les évêques, inspectaient les églises, les abbayes, s'enquéraient de la situation de leurs trésors, de leurs ornements et de l'observation de la discipline.

« Donné en notre palais de Poitiers, le jour des îdes de juillet de la présente année, septième du règne glorieux de Charles sur les Aquitains (18 juillet 845). Raynulfe. »

Ension dut contribuer pour sa part à la défense commune. Mais, à en juger par les apports successifs de reliques qui furent faits dans cette abbaye, il semble qu'elle fut épargnée par les Normands.

Nous avons vu y arriver les moines de Vertou. Avec eux, la règle de saint Benoît allait prendre possession d'Ension.

L'histoire monastique fait connaître cette règle du grand réformateur des moines en Occident. Nous n'avons ni à en faire l'analyse, ni à dire son influence dans le passé.

On a souvent parlé de l'ordre noir ou bénédictin. C'est ce qui nous amène à dire un mot de la couleur de l'habit des Bénédictins.

Quelle était à cette époque la couleur de cet habit ? On sait qu'au moins jusqu'au vi^e ou viie siècle, les moines se vêtaient, comme les pauvres, d'une bure grossière, celle qui était commune dans la région où ils vivaient ; que leur robe, retenue autour des reins par une lanière de cuir ou par une corde, était recouverte d'un manteau à capuchon, et qu'ils se contentaient de la couleur naturelle de la laine. Saint Césaire, paraît-il, avait même défendu dans sa règle l'usage de vêtements noirs ou de toute autre couleur prononcée ; on devait s'accommoder de teintes laiteuses.

Saint Benoît, au vi^e siècle, n'avait rien fixé sur la couleur de l'habit monastique. Il faut laisser, dit-il, les moines libres de prendre ce qu'ils trouveront dans la contrée où ils sont, et, de préférence, ce qu'il y a de plus pauvre.

On peut regarder comme un fait acquis à l'histoire le port du vêtement blanc par saint Colomban et ses premiers disciples. Il semble que saint Filibert, qui avait porté l'habit blanc de saint Colomban à Rebais, dut le conserver dans ses diverses fondations de Jumièges, d'Hério (Noirmoutier), de Quinçay.

C'est seulement plus tard, à une époque indéterminée, probablement vers le temps de Charlemagne, où toute trace de la règle colombaniste avait disparu, que l'habit noir devint l'uniforme commun des religieux (1).

Les Bénédictins avaient généralement adopté la couleur noire pour leurs vêtements.. Ce fut pour accentuer la distinction de leur ordre que les Cisterciens, Chartreux, chanoines réguliers, prirent la couleur grise ou blanche, d'où cette expression si souvent employée : *ordo niger, ordo albus, ordo griseus* (2).

Le Glossaire de Du Cange cite ces deux vers anonymes sur l'ordre noir ou bénédictin :

> *Sumt tria nigrorum quæ vastant res monachorum :*
> *Renes et venter et pocula sumpta frequenter.*

Orderic Vital, qui écrivait pendant le premier tiers du xıı^e siècle, remarque que les Cisterciens affectaient de se singulariser par la coupe et la couleur blanche de leurs vêtements, tandis que tous les disciples de saint Benoît portaient la couleur noire, symbole de l'humilité monastique (3).

---

(1) Jaud, saint Filibert, etc., p. 551.
(2) Sur ces mots, v. Du Cange, III, col. 62 et 63.
(3) *Orderic Vital*, t. III, p. 444, 446, 434.

CHAPITRE IV

Les Moines de Vertou à Ension

L'ABBÉ RAIMBAUD. — MOINES DISSIDENTS. — BASILIQUE
SAINT-JEAN-L'ÉVANGÉLISTE. — CORPS SAINTS APPORTÉS A
ENSION. — DÉCADENCE DE VERTOU. — NOMBREUX MIRACLES
A ENSION. — COLONS, SERFS.

Raimbaud, Raynold, Raynaud, qu'un manuscrit de
la Bibliothèque Nationale appelle *Ramirandus* ou Raim-
boldus (1), était à la tête des moines de Vertou.

Après tant d'émotions diverses, cet abbé put enfin
goûter le repos dans le silence et l'observation des pratiques monastiques.

Son premier soin fut de donner un agrandissement
nécessaire aux bâtiments réguliers. Il déposa la châsse
de saint Martin auprès du corps de saint Jouin, et, à la
fin de 844, ce noble gage de sa piété était placé dans
une église dédiée à saint Jean l'Evangéliste et à saint
Pierre, le patron de l'Eglise universelle. Il avait dû
transformer l'église de Saint-Jean-Baptiste en réfectoire
pour les moines (2).

Les religieux, sous sa conduite sage et éclairée, avaient
repris leurs saints exercices avec un zèle digne de leur
première ferveur. L'âme du pieux abbé était cependant
attristée par la défection de plusieurs moines et par les
nouvelles alarmantes qu'il recevait de Vertou.

(1) Bibl Nat., Fonds la'in, n° 12,677, fol. 79.

(2) D. Mabillon, *Annalium benedictinorum*, *sæculo 1° ad calcem*.

Non loin de lui, et séparés du centre de l'unité, une douzaine de frères dissidents persistaient dans les pratiques de la vie canoniale. Ils s'étaient refusés à reprendre les règles de la vie monastique avec leurs confrères et demeuraient étrangers à la régularité de leur maison.

Heureusement, le schisme ne fut pas de longue durée. Soit intérêt, soit esprit de foi, la plupart prirent le parti de revenir à la primitive observance. En se réunissant ainsi à leurs frères, ils trouvaient un abri et un secours assurés. Les populations viendraient plus volontiers en aide à des religieux fervents qu'à des clercs vivant à leur guise. S'ils ne cédèrent pas à des motifs plus élevés, ils eurent au moins la sagesse de prendre conseil de leurs intérêts.

Au nombre des convertis était un certain Raimbaud, distinct de l'abbé du même nom; ce Raimbaud avait un neveu qu'on surnommait *La Corde*, à cause de la douceur de sa voix. Le neveu Raimbaud vivait à l'écart de la communauté, sans vouloir revenir à l'unité. Cela ne l'empêchait pas de visiter souvent son oncle. Une nuit que le vieillard exhortait le récalcitrant assis au pied de son lit à revenir à la pratique de la vie monastique, celui-ci s'endormit. Tout à coup, au milieu de son sommeil, il voit entrer le démon qui le traîne par les cheveux. Dans ce cauchemar, Raimbaud se lève précipitamment et va tomber dans un coin du foyer, promettant de se convertir s'il plaît à Dieu de le laisser vivre. L'oncle saute de son lit, le cherche à travers l'obscurité et finit par le trouver presque inanimé. Aussitôt il prend sa robe de moine et l'étend sur son neveu comme pour hâter l'accomplissement de sa promesse. Il n'en fallut pas davantage pour rendre la paix au jeune homme, qui reprit peu après la profession religieuse. Depuis l'événement, dit le chroniqueur, on vit refleurir à Ension un esprit nouveau et la famille cénobitique ne laissa plus la moindre prise aux efforts de l'ennemi. « Aussi, ajoute-t-il, je supplie ceux qui lisent ce récit d'y ajouter une foi entière. Je n'ai voulu dire que la vérité. J'en tiens les détails de témoins qui nous les ont racontés plus d'une fois. » (1)

Cette conversion dut remplir de joie l'âme de l'abbé Raimbaud.

Cependant, la joie du supérieur d'Ension n'était pas sans mélange, car il recevait de tristes nouvelles de Vertou.

Après le départ des Danois, quelques religieux de la maison qui s'étaient cachés pendant le pillage dans les solitudes du voisinage, rentrèrent dans leur abbaye dévastée. Ils tâchèrent d'en relever les autels et de reprendre leur vie de prière et de travail. Ils voulurent reconstruire leur église et les lieux réguliers, mais les murs étaient à peine élevés de 3 mètres au-dessus du sol, que tout devint l'objet de la fureur des pirates revenus à la charge. Tout disparut de nouveau, et quelques-uns d'entre eux prirent le chemin d'Ension, pour y apporter la douloureuse nouvelle (2). Cela se passait en 853.

L'église abbatiale de Saint-Jouin était dédiée à saint Jean-Baptiste, comme celle de Vertou. C'est dans cette église que reposait le corps de saint Jouin, son premier abbé. Près de lui fut déposée la châsse de saint Martin, double gage de protection pour ce lieu où s'était élevé le premier monastère des Gaules. Cependant il n'y demeura que quelques mois, et le 2 décembre, on leva les corps pour les placer définitivement dans une crypte de l'autre église, dédiée à saint Jean l'Evangéliste et à saint Pierre. Cette église était toute voisine et posée au sud parallèlement à la première C'est l'église actuelle de Saint-Jouin avant sa reconstruction.

La cause de ce changement se trouva dans la nécessité d'agrandir les lieux réguliers, devenus trop étroits

(1) Bolland., *Acta Sanct.*, t. X d'octobre, publié en 1861, à Bruxelles, p. 812, etc.
(2) Auber, *Histoire générale du Poitou*, t. V, p. 77.

depuis le surcroît de religieux arrivés au monastère. Entre les deux églises se trouvait un intervalle où passait une voie publique et où le respect des lieux saints avait fait adopter l'usage de descendre de cheval pour la traverser à pied. L'abbaye, dont ce chemin dépendait, le reprit pour y construire des logements. L'église Saint-Jean-Baptiste fut alors changée en réfectoire, et les saints corps trouvèrent un asile non moins honorable dans l'autre basilique.

Le vieux bréviaire manuscrit de l'abbaye de Saint-Jouin où les érudits ont puisé les détails intéressants de l'arrivée à Ension des moines de Vertou, n'a pas fait connaitre si l'église Saint-Jean-l'Evangéliste, voisine de Saint-Jean-Baptiste, fut reconstruite par l'abbé Raimbaud ou seulement réparée par ses soins. Ce point demeure incertain. Ce qui est hors de doute, c'est que peu de temps après l'arrivée des Vertaviens à Ension, le 4 des nones de décembre d'une année indéterminée, les reliques de saint Martin furent enlevées de l'église Saint-Jean et transférées dans celle de Saint-Pierre. Or il est à croire que ce furent les réparations considérables entreprises par le nouvel abbé qui furent cause de cette nouvelle translation.

Mais quelle était cette basilique, quant à sa forme et à sa grandeur? Si nous n'avons pas de renseignements précis sur cette antique église, qui a précédé l'abbatiale actuelle, nous trouvons une indication curieuse dans la *Vie de saint Martin de Vertou*. L'auteur, en racontant l'incendie d'une maison contiguë à la basilique, mentionne en passant l'existence d'une pyramide ou tour sur chacun des quatre angles de l'église (1). La *Vie de saint Martin de Vertou* rapporte également l'existence d'une crypte dans cette église, crypte où se trouvaient les corps de saint Jouin et de saint Martin.

Quand furent terminés les travaux de reconstruction

(1) *Acta Sanct.*, t. X d'octobre, p. 814, 817.

entrepris par l'abbé Raimbaud ? En 878, semble répondre le récit des Bollandistes En cette année, en effet, d'après les Bollandistes, sans doute après l'achèvement des travaux, nos précieuses reliques furent reportées dans l'église Saint-Jean-l'Evangéliste et placées avec soin dans un sépulcre de pierre avec d'autres reliques non moins vénérées (1).

On sait que beaucoup d'églises et de monastères de Bretagne et du Bas-Poitou, sans cesse ravagés par les Normands, envoyèrent à cette époque les reliques de leurs saints patrons à l'abbaye d'Ension, qui semble avoir échappé aux atteintes des pirates. C'est ainsi qu'y furent transportées successivement les reliques de saint Lumine, de saint Rufin, de saint Mérault (Mairulphi) (2), de saint Mandé et de saint Judicaël, roi de Bretagne. Elles furent donc placées dans un coffre, avec celles de saint Martin de Vertou, après leur arrivée à Ension. Mais le corps de saint Martin y était arrivé en 843, et non pas en 878, comme l'ont prétendu à tort D. Lobineau et Albert-le-Grand. Cette dernière date, disent les Bollandistes, est très probablement celle de la seconde translation, dans laquelle les reliques de saint Martin, retirées de Saint-Pierre-du-Château, furent réunies à celles des autres saints venues postérieurement. Celles de saint Mandé et de saint Judicaël étaient venues vers 919. Il est à remarquer cependant qu'une portion des corps de saint Mandé et de saint Judicaël, au témoignage d'une chronique, fut déposée à Thouars, dans une église Saint-Martin maintenant détruite. Plus tard, à la fin du xe siècle, les reliques de ces deux saints

(1) *Acta Sanct.*, t. X d'octobre, *Comment. de S. Martino Verta-vense*, p. 801.

(2) On voit parmi ces saints figurer le nom de saint Marcou. Nous croyons qu'il y a là une erreur de nom, *Mairulphus* pouvant se con ondre avec *Marculphus*. En outre, nous ne voyons nulle part parmi es translations de saint Marcou, son éxode à Saint-Jouin.

furent enlevées de Thouars et transportées à Saint-Florent-de-Saumur (1).

Pendant que l'abbaye de Vertou s'amoindrissait de
plus en plus, celle d'Ension se réjouissait de posséder
avec son saint fondateur ce nouvel hôte à qui les siècles
n'avaient rien ôté de son pouvoir sur les âmes et sur
les corps.

L'écrivain anonyme du ix° siècle, dont nous suivons
le récit, en cite des exemples qu'il avait vus de ses propres yeux.

Il faut voir dans les écrivains de ce temps avec quel
soin les hommes d'un bourg ou d'un domaine cher-
chent les reliques, avec quelle âpreté les peuples se dis-
putent, de cité en cité, celles qui sont en renom. L'usage
s'établit alors qu'aucun autel, aucun oratoire ne peut
être consacré s'il ne contient quelques reliques. Chaque
église devient ainsi un grandiose reliquaire où repose
le saint, et l'église d'Ension avait le privilège insigne
d'en posséder plusieurs. Et là même où est une par-
celle de leur corps, les saints sont toujours présents.
« Ce n'est pas une présence idéale, spiritualisée, celle
des morts dont notre cœur semble retrouver l'image dans
les lieux où ils ont vécu, mais l'existence réelle d'un
être, visible parfois aux yeux du corps et s'affirmant
par les signes extérieurs de la vie. Le bienheureux voit,
pense, sent, agit. Il se mêle aux affaires des hommes,
il leur parle, leur écrit, leur paraît en songe. Il guérit
les maladies ou écarte les maux, la famine, la peste, la
guerre... Il punit ou récompense, conseille et protège ;
de son église, il est vraiment le patron de la communauté. »

« Sans doute, ce sont des idées semblables qui ont
poussé les peuples à rechercher le patronage d'un grand
et le patronage d'un saint. Le besoin de protection qui
est au fond des âmes est toujours le même. Ici, c'est au

____

(1) *Chroniques des églises d'Anjou*, p. 261.

puissant à qui l'on se confie ; là, c'est au favori de Dieu que l'on demande secours pour son corps ou pour son âme. Ici, la protection est d'accord avec l'intérêt, là avec l'intérêt et la croyance, mais dans la vie sociale, comme dans la vie religieuse, l'homme s'adresse à plus puissant que lui qui le fait vivre et qui le sauve. »

« Le saint est ; par cela seul qu'il est, il exige un culte, il aura son église, ses prêtres, ses clercs, l'assemblée de ses fidèles. Il devient capable d'acquérir et de posséder, on lui donne, on lui lègue. Il peut être, il est vraiment propriétaire, et comme lui-même est sacré, sa propriété est inviolable ; comme il ne meurt pas, elle est perpétuelle (1). »

Il y avait à Ension un certain Sigebrand, admis dans la communauté pour s'y faire moine. Il avait donné aux frères 800 sous en se faisant religieux et il en avait gardé secrètement 200. « *Sicbranus nomine... octoginta solidos, et secum clanculo ducentos reservavit* » (2). Quelle était la valeur du sou à cette époque ? On ne dit pas si cette monnaie était d'or ou d'argent, ce qui donnerait une appréciation fort différente suivant les cas. Quoi qu'il en soit, ce récit et les suivants, on le voit clairement, sont d'un témoin oculaire. Il faut avoir vu pour raconter avec autant de précision et de vigueur des détails qui ne peuvent s'inventer.

Sigebrand, par sa dissimulation, avait manqué à la sainte pauvreté qui est une des principales obligations de la vie religieuse. Sa femme avait fait le vœu de chasteté et devait vivre séparée de son mari, le monastère pourvoyant à ses besoins. Le religieux, qui était d'une grande simplicité de vie, se fit aimer de tous. Personne ne pouvait soupçonner ce qui avait entaché son entrée en religion ; il avait fini par l'oublier lui-même. Cependant, après cinq ou six ans de vie régulière, il tomba tout à

____

(1) Imbart de la Tour, *Les Origines religieuses de la France ; les paroisses rurales, du* ive *au* xie *siècle*, p. 47, 48.

(2) *Miracula et Translationes*, t. II, n° 14.

coup malade et, au bout de deux jours, on désespéra de
lui. Déjà on avait désigné les frères chargés de pourvoir
à sa sépulture, lorsqu'il poussa un grand soupir. On
s'approche, on lui découvre la face; il était plein de vie.
On veut savoir d'où vient ce changement aussi subit
qu'inespéré. Il répond, avec un profond gémissement, qu'il
est bien coupable; qu'il s'est senti transporté dans l'enfer
et qu'il en a vu les tourments horribles Comme il était
près d'y tomber, deux vieillards à la robe resplendissante
et à la barbe blanche lui étaient apparus et lui avaient
demandé où était l'argent qu'il avait caché et pourquoi
il ne l'offrait pas pour se racheter de tels supplices? Il
s'était excusé sur son ignorance. — Eh bien! lui avait-on
répondu, tu le prouveras si, revenu parmi les hommes,
tu t'appliques mieux à mépriser les biens de la terre.
Puis, les deux vieillards l'ayant conduit sain et sauf à
travers les lieux de tourments, son âme s'était de
nouveau réunie à son corps. Il avait osé demander qui
ils étaient à ses deux guides vénérables. Nous sommes
Martin et Jouin, dont tu avais recherché la protection,
et qui ne t'ont pas manqué. Après ce récit, il désigna aux
frères un certain endroit. Allez, leur dit-il, vous y trouverez deux cents sous; prenez-les et faites-en ce que vous
voudrez. Il avait à peine achevé, qu'il se trouva guéri.
Il reprit aussitôt ses habitudes monastiques et y persé-
véra avec édification le reste de ses jours.

Longtemps après, quand il fut sur le point de mourir,
il manda sa femme, lui fit promettre de demeurer fidèle
à sa seconde vocation et d'employer en bonnes œuvres
les cinquante sous que les frères lui avaient donnés.
Mais, après sa mort, la fille de Sigebrand voulut ramener
dans le monde sa mère, afin de s'emparer de cette somme
d'argent. Un jour que le moine Rainaud était allé dans le
logis de cette femme, il en sortait à six heures, pour se
rendre à l'église. Le moine avait à peine touché le seuil
de la porte, que la femme tombe à la renverse en poussant
des cris affreux. Le religieux la relève et lui demande la

cause de ses cris. — Ah! mon père, s'écria-t-elle, à peine étiez-vous détourné de moi, qu'un père abbé au regard courroucé m'a abordée aussi prompt que l'éclair. Il m'a frappée si rudement à la tête qu'il m'a arraché un œil. Je sais bien la cause d'un tel châtiment ; j'avais résolu de manquer à la promesse faite à mon mari. Aussitôt elle remit l'argent au religieux, mais elle resta borgne le reste de ses jours. Double leçon bien faite pour confirmer les religieux dans les principes de l'abnégation et de la pauvreté monastique.

Des avertissements donnés par les Bienheureux, sous cette forme brutale, ont quelque chose qui choque nos idées de délicatesse et contrastent péniblement avec nos mœurs adoucies par la civilisation. Mais, dans ce temps de grossière rusticité, un autre langage n'eût pas été compris. Pour faire retenir la leçon céleste, il fallait frapper fortement l'imagination et s'adresser aux sens. C'était le moyen le plus assuré pour la faire pénétrer dans ces intelligences frustes et si peu ouvertes aux choses de l'esprit.

On peut se demander à quel titre la femme de Sigebrand demeurait si près du monastère. Elle était là dans la catégorie des *donati*. On appelait ainsi, au moyen âge, ceux qui donnaient leurs biens aux monastères, soit en propriété, soit en usufruit, et recevaient en échange le vivre et le couvert. Ces hommes et ces femmes portaient un habit à moitié monacal, tout en restant laïcs. Ils devaient devenir, dans la suite, plus d'une fois, la peste des communautés.

Il y avait aussi, à la même époque, des associations dites *fraternités,* qui unissaient par les liens de la prière et des bonnes œuvres les religieux vivant en communauté et les simples fidèles demeurant dans le siècle. Du Cange cite plusieurs textes relatifs à cette participation des laïcs aux prières, suffrages et bonnes œuvres des moines (1).

Il existait un rite spécial pour consacrer cette

(1) Du Cange, Glossaire, t. II, p. 531-532.

association. Ce rite se trouvait indiqué dans le *Consuetu-dinarius liber* ou *Liber usuum Beccensium,* qui est souvent cité par D. Martène dans son ouvrage *De antiquis mona-chorum ritibus.* Il paraît perdu aujourd'hui, mais D. Jou-velin, qui l'a eu sous les yeux, nous a conservé, dans son Recueil, le détail de cette cérémonie. Elle se passait au chapitre, devant les moines réunis. On y récitait des prières de circonstance. Ceux ou celles qui avaient été reçus par ce cérémonial s'appelaient *fratres* ou *familiá-res* (1).

Quant aux religieux proprement dits, ils étaient *convers* ou *oblats, nutriti.* Les convers étaient ceux qui avaient embrassé l'état monastique après avoir vécu dans le monde. Les oblats ou *nutriti* avaient été élevés dans la communauté dès leur enfance.

Mais revenons aux faits merveilleux attribués à la puissance des saints protecteurs de la maison. Ils récom-pensèrent un jour le dévouement d'un des serviteurs de la communauté.

Le feu avait pris à une maison contiguë à l'église de Saint-Jean-l'Evangéliste. Poussée par le vent, la flamme s'éleva jusqu'à un nid de corbeaux qui se trouvait dans le clocher et pénétra jusqu'aux combles de l'église, où bientôt elle exerça ses ravages. Pendant qu'une foule de bras s'efforçaient d'opposer une barrière à l'incendie, le nommé Martin s'empare d'une échelle et s'élance vers la toiture embrasée, mais l'échelle est trop courte, il cherche à démolir la corniche, pour se faire un passage. Alors il tourne le dos au mur, pousse de ses épaules la corniche, qui cède enfin, mais en en'raînant le travailleur sur un toit voisin, d'où il tombe à terre. Un cri de terreur s'élève de la foule. On le crut mort, mais notre homme se relève d'un bond et reproche aux autres de s'occuper plus de lui que de l'église, qui brûle toujours, puis il se remet au travail. Enfin l'incendie fut maîtrisé et l'église sauvée. Martin devenu l'objet des félicitations, s'en re-

(1) Bibl. Nat., Recueil de D. Jouvelin, fonds lat. n° 13.905, fol. 57.

tourna chez lui sain et sauf. Il vécut encore plusieurs années, sans jamais se ressentir de son accident.

La puissance des saints d'Ension ne fut pas moins admirable à l'égard d'une dame noble du nom de Rainsoinde, qui vivait encore au temps où le chroniqueur écrivait. Elle demeurait près de l'église où reposait le corps de saint Martin de Vertou. Elle était fort affligée d'un cancer qui, par intervalles, lui causait de cuisantes douleurs. Une nuit qu'elle souffrait davantage, elle fit lever une de ses femmes, nommée Gausberge. « Va, lui dit-elle, auprès de la crypte du bienheureux Martin. En passant, j'y ai remarqué une grande quantité de morelle (1); tu m'en apporteras. » La servante part sur-le-champ et cueille sa morelle, lorsqu'en terminant elle reçoit à la tête un coup violent porté par un personnage qu'elle distingue très nettement sous les traits et le costume d'un abbé à la taille haute et majestueuse. Eperdue, elle court à sa maîtresse, lui montre sa tête endolorie par le coup qu'elle a reçu; l'œil était tellement enflé qu'on ne le voyait plus. Or cette nuit était précisément l'anniversaire de la mort du Bienheureux. Les frères chantaient l'office des matines; le peuple remplissait la basilique inondée de lumières. Tout à coup on voit entrer Rainsoinde, guérie de ses douleurs et portant sur ses bras la jeune servante, qu'elle vient offrir à saint Martin, le priant d'avoir pitié d'elle.

Les moines font placer la malade entre l'autel de saint Pierre et le tombeau du saint. Elle s'y tient à genoux et implore en pleurant la miséricorde du céleste médecin. Tout le commencement de la messe se passe ainsi. Quand on fut à l'Evangile, qui commence par ces mots : « Soyez attentifs, veillez et priez », au moment où le prêtre prononçait les paroles : « Veillez donc », un surcroît de lumière descendit d'en haut et jeta un vif

______

(1) La morelle (*maurela*) est le *solanum vulgare* ou *scandens*, qui a de jolies fleurs bleues, ou blanches ou panachées. On en fait usage en médecine.

éclat sur les assistants, qui furent saisis de stupeur. On vit durer cet éclat jusqu'à la fin de l'hymne qui suit l'Evangile et, à cet instant, Gausberge recouvra la vue, se leva et remplit de joie toute l'assistance.

Notre curiosité aimerait à deviner la cause de la sévérité du saint à l'égard d'une enfant qui n'avait fait qu'obéir à sa maîtresse. Peut-être y avait-il là, pour la servante, un avertissement salutaire dont sa conscience avait besoin. En tout cas, la suite des événements que nous venons de décrire manifeste la bonté de saint Martin envers cette pauvre fille.

Un mot échappé de la plume de notre auteur original nous révèle un usage liturgique du temps. Il s'agit de l'hymne qui suivait alors l'Evangile, au lieu de le précéder. Cette hymne n'est autre chose, croyons-nous, que la prose ou séquence qui entrait presque toujours dans la messe d'un saint pour en exalter les vertus et les miracles. Celle dont il est fait mention ici pourrait bien être celle que Mabillon a publiée, d'après un missel manuscrit de l'abbaye de Vertou (1).

Nous la reproduisons en la traduisant :

« Que le peuple fidèle célèbre la gloire de Martin par ses louanges ; qu'il y emploie sa parole et la prière de son cœur. Sa sainteté, sa charité fervente brillent assez par ses nombreux miracles.

« Herbauge refuse de croire, et elle périt sans retour. Martin cultive alors un autre champ, fécond d'une abondante récolte ; bientôt après, la fille d'un prince est délivrée par sa prière.

« A sa parole, l'ours devient obéissant et oublie sa cruauté. Ses ordres rendent le marbre léger et lui en font une nacelle sur la surface de la mer.

« Pour lui, l'eau de la fontaine devient un vin généreux qui lui rend ses forces. Son souffle suffit pour

____

(1) Mabillon, *Annal. Benedict.*, sæculo 1°.

renverser la cohorte infernale ; et le malheureux qu'elle possédait reconnaît que le sang du Christ l'a racheté (1) ».

Voilà une poésie populaire, monument de la foi des populations et de leur confiance dans les faits merveilleux qu'elle énonce. Il n'est pas au pouvoir du poète d'examiner ni de contredire. Il rapporte les légendes qui sont dans la tradition du pays, sans excepter celles de l'ours et de la nacelle de marbre, laissant à la critique le soin de démêler le faux du vrai.

Remarquons en passant ces mots de la chronique du ixe siècle : « *Juxta Ecclesiam commanebat qua viri Dei Martini membra coluntur humata.* » D'après le texte il faut traduire : « L'église où sont inhumées les reliques. » Il n'est pas question de châsse, quoique les reliques du saint de Vertou eussent été déposées dans une châsse, en 843. On dut les enterrer de nouveau auprès de celles de saint Jouin : ce texte le dit expressément, et la dé-

(1). *Lingua, corde, mente tota,*
Nunc Martini plebs devota
   Recolat solemnia ;
Cujus probant sanctitatem
Et ferventem charitatem
   Miracula varia.

Dum non credit, casum dedit
   Herbadilla funditus
Per Martinum Vertavinum
Floret ager primitus ;
Liberata et salvata
   Principis est filia

Urus eedit et obedit,
   Remota sævitia ;
Saxum nare scit per mare
Præsentis imperio (præsulis ?)
Nectar sapit fons, quem capit
   Iste pro solatio.

Cessit unda, et immunda
Cohors sub efflamine.
« Hic Redemptus sum et emptus
Clamat. sacro sanguine. »

couverte des saints corps que l'on fit à Ension en 1130
confirme l'exactitude de notre texte. L'invention de 1130
ne serait pas demeurée si célèbre et n'aurait pas été
commémorée comme un événement d'importance majeure, si les saints corps avaient reposé dans des châsses à la vue de tous. Par crainte de quelque profanation
on avait dû les cacher dans le sol, et le secret de la
cachette s'était perdu avec le temps. Un manuscrit de
la Bibliothèque Nationale (F. lat., n° 5449, fol. 5), qui est
de la fin du xviie siècle, porte ces mots : « *Inter sacra
pignora præcipue celebratur integrum corpus s. Jovini quod
in Ecclesia s. Johannis evangelistæ absconditum, Dei anno
1130 tumulo extractum... Una cum sacris beati Martini
Vertavensis ossibus quæ Vertavensies metu Normannorum,
ut diximus, transtularant et in tumulo s. Jovini absconderant.* » On avait oublié à Ension que le corps de saint
Martin et les autres reliques étaient déposés dans le
sépulcre de pierre de saint Jouin. L'ouverture de ce
tombeau en 1130 devait amener la grande découverte,
qui fut le sujet d'une vraie explosion de joie dans toute
la contrée.

Une autre expression de notre chroniqueur mérite de
retenir notre attention : « La foule, dit-il, remplissait
la basilique inondée de lumière ». Il faut conclure de
ces mots que la bourgade d'Ension était déjà formée ;
ses habitants fréquentaient les offices religieux, même
la nuit. La noble dame Rainsoinde demeurait dans le
voisinage de l'église et assistait comme les autres aux
solennités religieuses où sa foi lui mérita la guérison de
sa servante.

Ension était donc un centre chrétien formé par la
prédication des moines du lieu. Ceux-ci durent en faire
une paroisse munie de tous ses organes. Il y eut, sous
le règne de Charlemagne, de 768 à 814, plus spécialement de 800 à 814, un accroissement notable du
nombre des paroisses. Ce progrès répond assurément à
la politique religieuse de l'empereur, à la lutte entre-

prise contre les dernières pratiques du paganisme. Mais le mouvement ne s'arrêta pas à sa mort. Il fut continué pendant le ixe et le xe siècle, par l'initiative des fidèles, des seigneurs et du clergé. Au xe siècle surtout, sous Louis-le-Pieux, pendant la première partie du règne de Charles-le-Chauve, une foule de paroisses nouvelles furent établies (1).

Si l'abbaye d'Ension n'avait pas depuis longtemps établi la paroisse, elle ne dut pas attendre davantage. Elle lui donna les trois éléments constitutifs du titre paroissial : une église, des prêtres et des clercs et un patrimoine.

Les moines d'Ension possédaient des *villas* dans le voisinage d'Ension. On peut croire que la grande paroisse fut démembrée, que les chapelles ou églises construites dans ces *villas*, et rattachées au *titulus* d'Ension, finirent par recevoir leur autonomie et à être érigées en églises baptismales. Elles formèrent autant de paroisses, sur lesquelles l'abbaye avait des droits. Ce qui explique son droit de patronage sur Availles, Marnes, Pas-de-Jeu, etc.

Continuons l'exposé des miracles opérés par les saints patrons d'Ension.

Dieu, qui donne aux saints pouvoir sur les maladies, leur accorde aussi la puissance sur les démons. Notre hymne nous montre saint Martin de Vertou délivrant de son vivant la jeune fille d'un prince anglais. Il n'est pas moins puissant au ciel. Notre chroniqueur nous en donne la preuve.

Dans un village nommé Estivaux, qui dépendait de l'abbaye d'Ension et qui est situé au delà de la Dive, un moissonneur était devenu possédé. Il travaillait pour la communauté. Des frères, le voyant dans d'horribles convulsions, cherchèrent à le maîtriser et lui demandèrent ce qu'il avait pour se démener ainsi. Le malin

(1) Imbart de la Tour, *op. citato*, p. 98.

esprit répondit par sa bouche qu'ils étaient sept en cet homme, mais que deux s'en iraient et qu'il en resterait encore cinq à lutter contre le vieux Martin, et en disant ces mots le possédé montrait l'église du couvent. On attache fortement le malade et on le transporte au monastère, en dépit de ses hurlements et de ses contorsions. C'était un samedi soir. Le pauvre homme demanda qu'on le laissât toute la nuit devant le maître-autel, puis aussitôt, et comme s'il avait éprouvé un refus, il se renverse et perd connaissance: Quand il revient à lui, il se déclare entièrement délivré.

Toutefois, ajoute notre narrateur contemporain des faits, ce n'est pas là ce que voulait le démon. Désespérés de leur défaite, les mauvais esprits se dirigent vers Marnes, y renversent plusieurs maisons, pénètrent dans la forêt la plus voisine et en arrachent la plus grande partie des arbres. Quand au possédé guéri, il resta quelques jours au monastère, plein de santé, et retourna chez lui, et sa paix ne fut plus troublée,

De tels faits, racontés aujourd'hui avec la saveur que la simplicité de notre narrateur du ix⁰ siècle a su donner à son récit, ne manqueront pas, nous le savons, d'exciter le majestueux dédain de nos grands raisonneurs, mais la vraie piété, fruit de la pureté du cœur, s'en console et se plaît à constater l'authenticité de faits aussi nombreux qu'incontestables.

L'histoire de la guérison miraculeuse de Rainsoinde et de sa servante atteste la présence d'une crypte dans l'église Saint-Jean-l'Evangéliste avant sa reconstruction, au xi⁰ siècle. Le récit parle d'une crypte dans laquelle les reliques de saint Martin devaient se trouver à côté de celles de saint Jouin, l'une et l'autre près de l'autel. Le récit semble indiquer que dans une des nefs se trouvait l'autel de saint Pierre et que vis-à-vis était une ouverture de la crypte par où pouvait se satisfaire la dévotion des fidèles à la vue du saint tombeau, qui y était visible à tous les regards. N'a-t-on pas vu naguère la même disposition à Sainte-Radegonde de Poitiers, à Saint-Maixent et en d'autres endroits ?

A la même époque, un individu du nom d'Aldrinus, ayant abandonné la banlieue de Thouars, où il habitait, pour se soustraire aux incursions des Bretons, vint se réfugier comme Rainsoinde à Saint-Jouin. Il était d'une condition moins élevée que cette noble femme, puisqu'il devint cuisinier de l'abbaye (1).

La puissance des saints d'Ension était si grande que rien ne put refroidir le zèle et la confiance de leurs clients. De nombreux pèlerins sollicitèrent leur protection et obtinrent des miracles. Ils avaient tant prononcé leurs noms vénérés qu'on s'accoutuma à ne plus connaître qu'eux et celui d'Ension fut presque oublié. On disait : le monastère de Saint-Jouin et de Saint-Martin. Un bourg se forma autour du moustier, et prit le nom de Saint-Jouin, comme l'abbaye. Les actes officiels porteront encore parfois le nom d'Ension, jusqu'au XIVe siècle, et l'on dira Saint-Jouin-d'Ension, puis Saint-Jouin tout court.

Les sympathies des vicomtes de Thouars valurent à l'abbaye, depuis le IXe siècle, la fondation de plusieurs prieurés, et c'est grâce à leur protection que l'abbé Raimbaud avait pu, en 844, restaurer la maison détruite par les guerres (2).

Le premier des vicomtes de Thouars, Geoffroy, dont on ignore l'origine, signala sa bienveillance envers notre abbaye. Il confirma, en août 876, une donation de biens sis à Rigné, ou Regnac, viguerie de Thouars. La donation était faite à Saint-Jouin par un certain Raibaud (Rabaldus). C'est la plus ancienne pièce du cartulaire de notre abbaye. On ne sait plus où était cette villa de Regnac ; ce pouvait être Rigny, village actuellement dépendant de Saint-Léger-de-Montbrun, à

(1) *Acta Sanct.*, t. X d'octobre, p. 814-818.

(2) Auber, *Hist. générale du Poitou*, t. VII, p. 414.

trois ou quatre lieues de Saint-Jouin et à deux lieues de Thouars.

Malheureusement, le monastère ne rencontrait pas que des sympathies dans les puissants du jour.

Ce qu'il y avait de pire pour les maisons religieuses ne venait pas toujours des brigands, dont la joie était de piller et de dévaster. Trop souvent, les grands du royaume étaient presque autant à craindre, car s'ils ne répandaient pas le sang, ils n'épargnaient aucune vexation pour s'emparer des biens. qu'ils trouvaient à leur convenance. De ce nombre était Renaud (1), duc de France et gouverneur du Mans. Il avait des propriétés considérables dans le voisinage de Saint-Jouin-de-Marnes. Le duc s'imagina qu'il ne lui serait pas plus difficile qu'ailleurs de piller sur les terres de Saint-Jouin et de Saint-Martin-de-Vertou, et il ne craignit pas d'exiger des colons qu'ils lui payassent les revenus que l'abbaye avait toujours perçus depuis sa fondation. La clameur publique et le sentiment des populations indignées prévinrent les moines de ce qui se passait. Ceux-ci députèrent quelques-uns d'entre eux auprès du prince pour l'engager à renoncer à ses injustes entreprises. Il répondit hautement que non seulement il ne rendrait rien, mais qu'il continuerait ses agissements tant que Dieu prolongerait ses jours. Le ciel ne permit pas l'accomplissement de cette menace.

Les moyens humains ne leur ayant pas réussi, les moines de Saint-Jouin eurent recours à la prière pour conjurer le ciel d'arrêter leur persécuteur. Ils furent pleinement exaucés. Au dire du chroniqueur, Renaud reçut un avertissement miraculeux. « En conséquence, non seulement il rendit ce qu'il avait pris; mais

______

(1) Les Bollandistes (24 octobre, p. 818) font observer que ce Renaud ne se trouve pas dans le catalogue des ducs de France. Mais Guillaume de Jumièges le mentionne dans sa chronique, à l'année 876. Notre chroniqueur poitevin est donc d'accord avec le chroniqueur normand pour attester l'existence de ce duc de France.

il ajouta de ses propres terres à celles qu'il nous rendait. »

Cette légende pourra être accueillie avec un sourire sceptique et plus d'un sera peut-être tenté de ne voir de leçon que dans l'imagination de l'ancien auteur qui la rapporte. Renaud fut tué en 876, dans un engagement contre les Normands (1).

L'abbaye avait des colons et des serfs travaillant sur ses terres, et sur lesquels le duc Renaud avait exercé des exactions et des violences. On sait, en effet, que l'esclavage personnel légué par la société païenne avait disparu à cette époque. Il ne restait plus que le servage de la terre L'esclave était devenu colon où serf, c'est-à-dire qu'affranchi de la servilité personnelle, il restait attaché à la culture d'un domaine qu'il faisait valoir pour son compte personnel ou pour son maître, moyennant une redevance.

Le propriétaire du fonds n'avait aucun droit sur la personne du colon; par là, celui-ci participait à la condition de l'homme libre, mais il était incorporé à l'héritage et ne pouvait le quitter, sous peine de retourner à la condition d'esclave. Il se transmettait d'un maître à l'autre quand le domaine changeait de possesseur.

Nous engageons le lecteur à étudier, dans le livre de M. Paul Allard : *Les origines du servage en France*, la situation privilégiée faite par l'Eglise à ses serfs.

Le servage sur les terres de l'Eglise était préféré au servage sur les terres des particuliers, et même, en dépit des privilèges dont jouissaient les *fiscalini*, au service sur les terres du roi. On peut résumer ainsi les causes de cette préférence : la douceur plus grande de la domination ecclésiastique, la fixité plus assurée des charges et redevances, une protection plus efficace contre les exactions et les violences, et surtout la fixité de résidence, la certitude pour le serf de ne pouvoir être

____

(1) D. Morice, *Preuves de l'Histoire de Bretagne*, t. I, col. 4.

séparé de la terre qu'il cultivait et où il habitait avec sa
famille.

Le proverbe populaire traduira plus tard la douceur
de la domination ecclésiastique : « Il fait bon vivre sous
la crosse. »

La vérité de cet adage s'appuyait sur des faits. L'Eglise
considéra comme un devoir de se distinguer en ceci des
laïcs et d'établir un contraste entre le joug souvent dur
de ceux-ci et son joug à elle, joug plus léger. « En ce
qui concerne les serviteurs de l'Eglise, disent les prélats
francs assemblés à Eause, en 551, il convient de veiller
à ce que, dans une intention de piété et de justice, ils
soient obligés à un service moins lourd que les serfs
des particuliers, de telle sorte qu'ils puissent se réjouir
de ce que le quart de leurs redevances ou de leurs corvées leur soit, à partir de ce jour, avec la bénédiction
de Dieu, concédé par les évêques. »

En outre, l'ordre et l'économie qui régnaient dans
les domaines de l'Eglise allégeaient le fardeau des con-
tribuables. Le cens une fois fixé, ainsi que le terme des
paiements, les serfs savaient sur quoi compter, et les
moines n'avaient pas besoin de faire d'exactions ; leurs
richesses étaient plus que suffisantes pour leurs besoins.
Mais les seigneurs laïques ayant des guerres privées à
soutenir, des compositions à payer, une suite nombreuse
de clients et de gardes à nourrir, et souvent tous les
caprices du luxe et de la débauche à satisfaire, devaient
tourmenter leurs colons et leurs serfs par des impôts
plus irréguliers et plus vexatoires.

Un des privilèges des serfs ecclésiastiques était d'être
soustraits aux exactions des officiers royaux. « Nous
avons appris, dit le 3e Concile de Tolède (587), que les
esclaves des églises, des évêques et des clercs en général sont écrasés par les corvées que leur demandent
les jugés et les agents du fisc. Le Concile tout entier a
réclamé de la pitié du glorieux prince la cessation de
cet abus. »

Mais le plus enviable privilège des serfs ecclésiastiques fut la stabilité. La loi romaine rendait le serf insé-
parable de la terre. Or, tout l'ordre ecclésiastique doit
vivre conformément à la loi romaine L'observation de
la loi romaine fut pour l'Eglise comme une marque d'o-
rigine, une conséquence de son rôle de gardienne des
traditions; cela ne la tenait pas à l'écart de la société
barbare, mais la maintenait au-dessus et lui conservait
les traits d'une civilisation supérieure.

Le droit barbare, résumé par un édit de Théodoric,
déclarait que le maître a tous pouvoirs sur le serf, peut
l'arracher à la glèbe, le donner ou le vendre séparément
de la terre, traiter en un mot comme un meuble celui
dont le dernier état du droit romain avait fait un im-
meuble par destination. Les propriétaires ecclésiastiques
eussent-ils voulu s'affranchir du droit romain et donner ou aliéner leurs serfs séparément des tenures occupés par ceux-ci, ils ne l'auraient pu. Un autre droit,
tout puissant sur eux, le droit canonique, le leur inter-
disait, en s'opposant à toute aliénation des biens de
l'Eglise, à toute aliénation, par conséquent, des serfs
incorporés à ces biens.

Nous ne savons rien des religieux d'Ension à cette
époque, si ce n'est par quelques données éparses qui
se rencontrent dans l'histoire particulière de plusieurs autres fondations. A part les agissements de
Renaud, rien ne paraît avoir troublé la paix des nouveaux possesseurs d'Ension, depuis Raimbaud jusqu'à
Narbert, c'est-à-dire pendant une période de cent cinquante ans environ. Ils défrichent, ils cultivent, ils
arrosent de leurs sueurs le sol que le respect et la reconnaissance de puissants voisins leur ont octroyé,
puis ils reviennent chaque jour, aux heures de la règle,
prier pour la paix du monde et le salut de leurs bienfaiteurs.

Les Normands paraissent avoir épargné l'abbaye de
Saint-Jouin, ou s'ils essayèrent de s'en emparer, ils

furent défaits sous ses murs, comme l'atteste un champ qui s'appelle encore le Champ aux Normands.

Ension étant à l'abri des déprédations de ces farouches hommes du Nord, on conçoit le mouvement qui dirigea vers cet asile les clercs et les religieux porteurs des corps sacrés que l'on voulait soustraire à des profanations (1). Plusieurs corps saints furent transportés à cette époque à Saint-Jouin, à la suite des dépouilles vénérables du bienheureux Martin de Vertou. On retrouvera ces reliques dans notre abbaye en 1130. Mais il est difficile de fixer la date de l'apport de ces saintes reliques.

Si l'année 878 ne fut certainement pas celle de l'arrivée du corps de saint Martin de Vertou à Ension, elle pourrait être celle d'une de ses translations. Ce serait, d'après l'opinion du P. de Buck, lorsque les saintes reliques de Martin furent changées de place et mises avec celles de saint Judicaël, roi de Bretagne. Il semblerait, d'après ce que disent les historiens de sa translation de l'abbaye de Saint-Mandé en celle d'Ension dans le cours de l'année 878, que cette cérémonie motiva une translation de saint Martin. D'autres auteurs reculent la translation de saint Judicaël à Ension jusqu'au commencement du xe siècle. Des clercs de Basse-Normandie et de Bretagne transportèrent en 919 à Paris les corps de plusieurs saints. Cette date se retrouve dans un texte relatif à cette dernière province. On y raconte également qu'en 919 les Normands ravagèrent toute la Bretagne, et qu'alors on transporta le corps de saint Mandé à Saint-Florent dans l'Anjou, et celui de saint Judicaël à Saint-Jouin-de-Marnes, monastère d'où étaient sortis saint Pair et saint Scubilion. Le corps de saint Mandé ne tarda pas à aller rejoindre celui de saint Judicaël à Ension. Cette translation de 919 se fit du temps de Hugues-le-Grand, puissant duc des Francs et comte de Paris,

(1) Bib. Nation., fonds lat., n° 5549.

père de Hugues Capet, mort en 956. Nous ne saurions dire à quelle époque précise furent reçues à Ension les reliques de saint Lumine, de saint Rufin, de saint Méru ou Mérulphe.

Ces vénérables ossements demeurèrent à Ension tant que dura la tourmente qui avait motivé leur migration; mais lorsque l'on n'eut plus à redouter les terribles envahisseurs, les églises qui s'étaient dépouillées de leurs trésors pour en assurer la conservation, durent se préoccuper de les reprendre. En effet, en 1074, le corps de saint Mandé fut rapporté dans l'abbaye de Saint-Mandé. Le souvenir de cette translation fut perpétué par l'institution d'une fête fixée au 15 janvier.

Le retour à Moutiers des restes de saint Rufin (1) eut lieu à une date indéterminée. La date du 16 novembre, que D. Estiennot fixait pour le décès de ce bienheureux, serait plutôt celle de la translation de son corps au XIe siècle. Le trésor de Saint-Jouin ne s'appauvrit pas entièrement par suite de ces restitutions. S'il perdit la majeure portion des corps saints commis à sa garde dans les jours de trouble, il sut en conserver des restes insignes. On le vit bien, en 1130, lors de l'invention des reliques conservées dans le sépulcre de Saint-Jouin ou tout auprès.

(1) Quelqu'ait été le sort des restes de saint Rufin à Saint-Jouin, le retour de ses ossements à leur premier tombeau devait conserver une partie considérable de ce saint corps. S'il était demeuré à Ension, il aurait péri dans les flammes allumées par les huguenots en 1568, au lieu qu'il fut trouvé dans l'autel majeur de l'église paroissiale de Moutiers en 1880. Avait-il été transféré immédiatement après l'invasion normande ou seulement après l'invention des reliques de 1130 ? La question importe peu. Un fait certain, c'est que l'autel qui recélait le saint dépôt avait tous les caractères du XIe siècle et que, dans les premières années du XIIe siècle, l'église de Moutiers portait à la fois le vocable de saint Pierre et celui de saint Rufin. Dès lors, pendant huit siècles, la pierre d'autel a recouvert ces précieux souvenirs, les dérobant aux fureurs du XVIe siècle et de la fin du XVIIIe. Il ne saurait exister un plus sûr garant de leur authenticité. (Michaud, *Saint Rufin*, p. 7.)

CHAPITRE V

Les abbés connus d'Ension après Raimbaud

NARBERT. — BÉRENGER. — ROBERT. — GIRARD. — BATAILLE
DE SAINT-JOUIN. — LE COMTE DE POITIERS, GUILLAUME,
PRISONNIER. — ABBÉ SIMON I. — PRIEURÉ DE VIHIERS. —
ALARIC. — SIMON II. — RAOUL DE LA FUSTAIE. — BRICE.
— CONSTRUCTION DE L'ÉGLISE D'ENSION.

Nous ne savons sous quel abbé Aimery III, vicomte de
Thouars (1), signa en 978 une donation de biens situés
à Luzay, viguerie de Thouars, donation faite au profit de
notre abbaye par Hubert et Mélesendre, sa femme.

Les successeurs immédiats de l'abbé Raimbaud ne
sont pas connus. Le premier après lui dont le nom ait
été conservé par les chartes est Narbert, si tant est que
ce nom même ne soit pas défiguré.

Un document très important par son antiquité (avril
976) n'a pas pris place dans le cartulaire de Saint-Jouin
par M. de Grandmaison (2). Il concerne le Prieuré-du-
Lude. Nous l'avons trouvé dans le Cartulaire de Saint-
Aubin d'Angers (3). C'est une charte par laquelle Geoffroy Grisgonel restitue à l'abbaye de Saint-Jouin-de-

(1) De Grandmaison, Cartul. de St-Jouin, p. 15.

(2) Cartulaire de Saint-Jouin, par de Grandmaison. (Mém. de la
Soc. de Statis. des Deux-Sèvres, t. XVII, 1854).

(3) Copie Bibl. nation., fonds lat., n° 17126, p. 85.

7

Marnes la propriété de l'église Saint-Jouin-du-Lude. *Reddo cœnobio sanctorum Jovinvi atque Martini sito in pago pictaviensi, ubi ipsorum corpora quiescunt ecclesiam que nuncupatur Leusedus, in pago Andegavensi* (1).

Narbert gouverne notre abbaye vers 990. Raimbaud étant arrivé à Ension en 843 et Narbert gouvernant vers 990, les deux abbés furent séparés l'un de l'autre par plusieurs religieux. L'abbé Narbert concéda en usufruit à deux frères Geoffroy et Gumbaud un moulin situé à Maranzais (*Marinzayo*), viguerie de Thouars, moyennant un cens annuel de trois boisseaux de froment, payables le 24 octobre, fête de Saint-Martin-de-Vertou (2).

BÉRENGER

L'abbé Bérenger succéda à Narbert. Il était à la tête de la communauté vers l'an 974. Au mois de mai de cette année, il reçut d'un certain Ebbon et de sa femme Anne un joug de terre (*unum juctum*) dans son alleu de Saint-Hilaire-de-Rigné (3), proche le château de Thouars. Cette donation fut faite en présence du vicomte Aimery III.

ROBERT

Savary III assiste, vers 997, à une vente de biens sis à Rigné, faite par un certain Aimery à Robert, abbé de Saint-Jouin-de-Marnes (4). Savary III, vicomte de Thouars, succéda à Aimery III, et l'abbatiat de Robert fut contemporain du règne de Savary. Celui-ci signa, en l'an 1000 environ, une donation faite par un nommé Chalon à l'abbaye de Saint-Jouin-de-Marnes. Les biens concédés se trouvaient au village de Buziaco (5).

(1) Cartulaire de Saint-Aubin-d'Angers, 1903, t. II p. 300.

(2) De Grandmaison, Cartul. de Saint-Jouin, p. 115.

(3) Ibid. p. 17

(4) D. Fonteneau, t. XIII, p. 271,   Cartul. de Saint-Jouin, p. 16.

(5) De Grandmaison, Cartul. de Saint-Jouin, p. 17.

A voir la sereine allure de ce document qui remonte à l'an 1000, on aboutit à cette conclusion, désormais consacrée par l'érudition et la critique historique, qu'en l'an 1000 *l'universelle épouvante*, dramatisée par Michelet, n'opprima nulle part la chrétienté. C'est la thèse démontrée par Frédéric Duval, un archiviste paléographe de grand talent. Nous renvoyons le lecteur à son ouvrage (1). Rome fut si peu épouvantée que, dans aucune des cent cinquante bulles de cette époque qu'on possède, on ne trouve la moindre allusion à une fin prochaine du monde.

GIRARD, GÉRALD, GÉRAUD

Entre la fatale année 843 et le commencement du xie siècle, où nous voici arrivés, des troubles immenses n'avaient cessé qu'à de rares intervalles de désoler les bords de la Loire. Les successeurs de saint Gohard, persécutés, exilés par des souverains d'un jour, s'emparant de la Bretagne et la perdant en des luttes réitérées ; les Normands revenus à leur proie, chassés et revenant encore, harcelant sans cesse les malheureuses populations qu'ils privaient, par l'incendie et le pillage, des refuges et des ressources les plus indispensables ; voilà quel est, tracé à grands traits, le tableau qu'offrent, pendant les cent cinquante ans qui suivent la ruine de Vertou, les rives autrefois si tranquilles de la Loire, de la Sèvre Nantaise et de la Maine.

L'Anjou lui-même ne fut exempt ni des invasions des hordes septentrionales, ni des guerres particulières que se livraient ses comtes et ceux des provinces voisines. On voit ce que devaient devenir les monastères au milieu de pareils conflits. De ruines en ruines, ils auraient dû périr entièrement si l'amour des âmes n'avait soutenu dans leur poste ceux qu'elles appelaient leurs pères. Ce

(1) Frédéric Duval, *Les Terreurs de l'an 1000*. Paris, Bloud, 1908.

sentiment surnaturel se mêlait à l'intérêt qui attache le cœur humain au sol qu'il a cultivé, que l'ennemi dépouille, mais qu'il n'emporte pas. Aussi le titre d'abbaye resta à Vertou jusqu'au commencement du xiiᵉ siècle. Cette abbaye dut conserver son autonomie, tout en dépendant peut-être d'Ension, où le gros de la communauté s'était fixé, et cela dura à peu près l'espace d'un siècle et demi. L'intimité régnait entre les deux établissements.

On ne connaît ni le caractère ni la durée de l'abbatiat de Girard ; mais il attacha son nom à l'une des plus importantes chartes de cette époque. Cet abbé devait s'arrêter souvent à Vihiers, dont la position était intermédiaire entre Ension et Vertou, étant située à l'embranchement de la voie romaine qui allait du sud au nord et d'une autre voie transversale venant de Nantes à Doué Il obtint du comte d'Anjou d'y fonder une annexe de son abbaye. Ce comte d'Anjou était Foulques Néra. Il prit sous sa protection l'abbaye de Saint-Jouin, parce qu'il avait reçu à foi et hommage le Loudunais du comte de Poitiers Guillaume V. Vihiers appartenait aux comtes d'Anjou. C'était une forte position militaire qu'ils jugeaient très capable de défendre l'entrée de leur territoire si souvent attaquée de ce côté par les Bretons et les Normands. Un château environné d'eau presque entièrement protégeait la ville, ceinte de bonnes murailles. Un viguier y résidait ; il avait la charge de rendre la justice au nom du prince et d'administrer en ses lieu et place. Des terres lui étaient abandonnées pour son entretien pendant la durée de son gouvernement et à sa mort ses terres faisaient retour au seigneur qui n'en avait cédé que l'usufruit. Rien ne convenait mieux à l'abbé de Saint-Jouin qu'un établissement en cette ville.

Il demanda donc à Foulques la permission d'y bâtir une église sur l'emplacement qu'il choisirait. Au lieu d'une le comte en permit deux dont la première était sous le vocable de la sainte Vierge et de saint Jouin, et la seconde sous celui de saint Hilaire. Il fit plus, comme il fallait des prêtres pour desservir ces églises, il accorda à Girard l'établissement d'un prieuré qu'il dota avec une largesse toute princière, lui laissant toutes les oblations faites à l'église, le droit d'un cimetière dans l'enclave du château et la perception des droits de sépulture. Alors, il y avait déjà à Vihiers une foire le 1er juin qui durait six jours ; le péage en revenait au comte et au viguier. Il le concéda aux moines, à la seule condition de prier pour lui et les siens.

Hildegarde, femme de Foulques, s'associa à la bonne œuvre, ainsi que Geoffroy, son fils, alors âgé de 10 ans. Cet acte est de l'année 1016 environ. En dépit de cette charte, fondant le prieur de Vihiers, rien n'était fait cinquante ans après de tout ce qu'elle avait si nettement stipulé. Nous dirons bientôt les causes de ce retard.

Quelques années plus tard, Girard vit s'accomplir sous les murs de Saint-Jouin un événement d'une grande portée politique pour le pays : la bataille de Mont-Calouer, près Saint-Jouin-de-Marnes.

Le 20 septembre 1034, en effet. la solitude de Saint-Jouin fut troublée par le tumulte des hommes d'armes et par le bruit confus de la bataille qui se livra presque sous les murs de la vieille abbaye, d'où le nom de bataille de Saint-Jouin donné à cette journée.

L'auteur de l'*Histoire des comtes d'Anjou* (*De gestis Comit. Andegav.*) nomme le lieu de l'action *Montem Corrium*, et M. Imbert, le *Mont Calouer* ; le lieu n'existe plus sous ce nom ; en tout cas, la bataille se livra sur le territoire de Tezay.

Le comte d'Anjou, Géoffroy Martel, ayant réussi à mettre dans ses intérêts, avec Geoffroy II, vicomte de Thouars, le sire de Parthenay, Guillaume II, entra en lutte avec le duc d'Aquitaine Guillaume VI. Le vassal rebelle n'ignorait pas la marche du duc ; il l'attendait dans les environs de Moncontour, campé sur la rive droite de la Dive, et presque sous les murs de Saint-Jouin.

Le duc arrive le 19 septembre près des tentes angevines. Il fait prendre du repos à ses gens et le lendemain il se met en mouvement. Deux collines séparaient les deux armées et les dissimulaient l'une à l'autre. A peine ces obstacles sont-ils dépassés par le duc, et les deux armées se sont-elles aperçues que d'un commun élan elles se précipitent en poussant des cris formidables. Bientôt on n'entend plus que le bruit des épées et des masses de fer tombant sur les baudriers, les cottes d'armes et les casques. Puis, ce sont les cris des blessés et des mourants. Les hommes tombent de toutes parts. Des deux côtés, le courage est devenu de l'acharnement. Geoffroy, suivi de ses Angevins, s'est jeté dans la mêlée, poussant des cris furieux et d'énergiques malédictions. Un gros de tourangeaux qui se battaient pour lui font un grand carnage à ses côtés. Le duc, qui ne paye pas moins de sa personne, secondé bravement par ses chevaliers, est serré de près et se défend tout en attaquant. Mais il voit tomber les siens en grand nombre, il voit en même temps sa bannière disparaître tout à coup, abattue par l'ennemi qui s'en empare, ce qui commence à décourager les troupes.

C'est le moment de la déroute. Les Gascons et les Limousins se débandent les premiers, mille autres les suivent et les Poitevins qui résistent encore sont renversés dans un fleuve de sang. Enfin le duc est blessé et pris, ce qui jette la terreur dans les rangs des siens. Dès ce moment, c'est la débandade. Les fuyards sont tués ou arrêtés. On jugera du nombre des morts, si l'on s'en rapporte à l'historien du comte d'Anjou. Selon lui, les vainqueurs revenus dans leur camp se firent un mur des cadavres contre le vent du Nord qui souffla avec violence pendant la nuit suivante.

Les conséquences de cette journée furent très funestes au duc Guillaume. Il fut fait prisonnier et le Poitou perdit la rive gauche de la Loire, sa limite naturelle. Le Mirebalais et le Loudunais changèrent ainsi de maître et Saint-Jouin-de-Marnes fut, à partir de ce jour, sous l'autorité du comte d'Anjou.

L'abbé Gérard, qui n'avait pu réussir encore à fonder le prieuré de Vihiers, était mort avant 1037. Il fut donné à ses successeurs d'achever cette œuvre.

SIMON I, 1037

Geoffroy, que ses habitudes de ferrailleur firent surnommer Martel, succéda à son oncle en 1040. Pendant un règne de vingt années, il ne cessa d'opprimer ceux que son oncle avait tant aimés. Il mourut sans réparer ses injustices. Ce mérite ne devait appartenir qu'à son fils Foulques Réchin qui, par une charte du 19 juin 1065, rendit aux moines d'Ension tout ce qu'ils avaient perdu. D'autre part, Simon avait succédé à Gérard sur le siège abbatial de Saint-Jouin en 1037, c'est-à-dire la septième année de Henri, fils de Robert.

En janvier 1038, Geoffroy II de Thouars est présent avec sa femme Aincr et ses quatre fils, à une donation faite par Dodelin, fils de Rainault, tous les deux seigneurs de la cour du vicomte. La concession au profit de l'abbaye de Saint-Jouin-de-Marnes avait pour objet le prieuré et l'église que ledit Rainault avait fait construire sous l'invocation de saint Jacques, au lieu nommé (*Monte Alboini*) Montauban, auprès du château de Thouars. Grâce à cette donation, Simon avait établi le prieuré conventuel de Saint-Jacques-de-Montauban (1).

L'abbé de Saint-Jouin allait aussi parvenir à fonder définitivement le prieuré de Vihiers. Cette fondation s'était heurtée jusque-là à de sérieux obstacles. La première difficulté provenait des guerres sans répit que les

(1) D. Fonteneau, t. XIII. p. 279. — Cartul. de Saint-Jouin, p. 1-3.

trois comtes d'Anjou, Foulques Néra, Geoffroy Martel et Foulques Réchin avaient soutenues. Mais un autre empêchement non moins formidable avait été l'opposition d'un viguier du pays, Gausbert de la Porte. Il avait l'usufruit du terrain sur lequel Foulques Néra avait bâti son château de Vihiers. A peine avait-il remis l'acte aux religieux d'Ension et pris des mesures pour commencer les églises, que Gausbert avait déclaré formellement s'y opposer, et ce refus, sur lequel il avait été impossible de le faire revenir, s'était maintenu jusqu'en 1070. Alors la paix étant faite et la mort de sa femme Adélaïde étant survenue, on en profita pour l'amener à composition. Il mit fin à sa résistance et abandonna une partie de ses droits aux religieux.

Ce fut sans doute Simon qui mit à profit ces bonnes dispositions du seigneur en se hâtant de fonder le prieuré tant désiré. Peut-être faut-il attribuer cette fondation au successeur de Simon, Alaric, abbé d'Ension.

ALARIC

Nous trouvons le nom de cet abbé dans une charte de Guillaume VII, duc d'Aquitaine, qui gouverna de 1058 à 1086. C'est donc entre ces deux dates qu'il faut placer l'abbatiat d'Alaric (1).

SIMON II

Aimery IV et ses fils, Albert et Geoffroy, confirment vers 1090 la donation des églises de Bressuire et de Chiché faite par Thibaud de Beaumont à l'abbaye de Saint-Jouin et contribuent eux-mêmes à cette donation (2).

Le même vicomte avait terminé deux ans auparavant, vers 1088, un différend survenu entre Raynault, fils de

(1) Gallia Christiana, t. II, col. 1275. — La Haie, *Origines des Poitevins*, p. 30, fin des *Annales* de Bouchet.

(2) Cartul. de Saint-Jouin, p. 23-24.

Dodelin et Simon, abbé de Saint-Jouin, au sujet de la redevance d'un cheval ou 30 sous due à cette abbaye (1). Tout porte à croire à l'existence d'un Simon II, à la tête de l'abbaye d'Ension après Alaric. En effet, un Simon figurant dans la charte de Thibault de Beaumont qui est de 1090 et du Tems (2) faisant bâtir à Simon le prieuré de Saint-Jacques-de-Montauban en 1037, il résulterait de tous ces chiffres pour l'abbé Simon un abbatiat d'au moins 53 ans. D'autre part, si Alaric a gouverné Ension entre les années 1058 et 1086, comment concilier son abbatiat avec celui de Simon ? Enfin l'abbé d'Ension, Simon, fut choisi pour arbitre dans un différend survenu entre le clergé de Poitiers et Pierre II, évêque de cette ville. Ce prélat n'ayant été sacré qu'en 1086 ou 1087, Simon n'a dû diriger les religieux d'Ension qu'après Alaric et avant 1086. Ce qui nous incline à admettre l'abbatiat de Simon II. Il devait être encore en charge en 1095. Il conclut à cette date une convention avec Aimeri, chapelain de l'église Saint-Nicolas-du-Château, pour régler le partage et l'attribution des offrandes qu'on y faisait à l'occasion de l'administration des sacrements (3).

Le 7 mars 1096, le monastère de Saint-Jouin-de-Marnes possédait le moine Pierre, surnommé Samuel. Il assistait, d'après le Cartulaire de l'abbaye de Saint-Laon, de Thouars, à la cession de cette abbaye au monastère de Saint-Florent de Saumur. Le moine de Saint-Jouin-de-Marnes avait un couteau à manche noir. C'est ce couteau qui servit à l'évêque de Poitiers Pierre II, pour donner possession de l'église Saint-Laon de Thouars à l'abbé de Saint-Florent de Saumur. L'évêque

(1) La charte est signée de la vicomtesse Arengarde (Cartul. de Saint-Jouin, p. 4-5).

(2) Clergé de France, t. II, p. 459.

(3) Cartul. de Saint-Jouin, p. 26 (*Mém. de la Soc. de Stat. des Deux-Sèvres*, 1854, 1re série, t. XVII, 2e partie).

de Poitiers remit à Guillaume, abbé de Saint-Laon, le couteau du moine de Saint-Jouin (1).

Il est naturel de se demander quel rôle put bien jouer un couteau dans cette investiture. Voici, croyons-nous, la réponse à cette question. Pour que le souvenir des donations se gravât davantage dans la mémoire des assistants, on avait soin de frapper leurs yeux par un signe matériel, par quelque symbole parlant qui figurait, pour ainsi dire, la transmission d'une terre, d'une église ou d'un droit, des mains du propriétaire dans celles du donataire. On peut voir dans Du Cange (2) la liste de ces divers modes d'investiture. Les plus ordinaires étaient une motte de gazon posée sur l'autel, un chandelier, des gants, un bâton, une branche d'arbre, un livre, une pièce de monnaie, etc. Mais que vient faire un couteau en cette occurence ? Ne peut-on penser que le donateur agissait à la manière du fameux duc de Normandie, Guillaume le Conquérant ? On raconte que, donnant un fief à l'archevêque de Rouen, il aurait pris un couteau et fait semblant de lui percer la main : « Voilà, dit-il en riant, comme je prétends que le domaine que je vous donne soit vôtre » (3).

Après cette investiture fantaisiste, il est permis de rappeler la loi Ripuaire (4) : « *Si quis villum ab alio comparaverit... ad locum traditionis accedat et sic testibus præsentibus pretium tradat et possessionem accipiat et unicuique de parvulis alapas donet et torqueat auriculas, ut postmodum testimonium perhibeant* (5). Cette coutume germanique de donner des soufflets aux enfants et de leur tirer l'oreille pour leur rappeler un événement, fut également connue en Normandie. Quand Robert Ier, duc de

---

(1) Cartul. de l'abb. de Saint-Laon.

(2) Du Cange, *Glossaire*. t. II, p. 103.

(3) Hippeau, *L'Abbaye de Saint-Etienne de Caen*, p. 337.

(4) Titre 60, § I.

(5) Du Cange, t I, p 117.

Normandie, donna Toutainville à l'abbaye de Préaux, en 1034, il envoya son jeune fils. Guillaume-le-Bâtard, déposer en son nom la donation sur l'autel. Au nombre des témoins étaient : « *Humfridus c nstructor ejusdem loci, cum filiis suis Rogerio, Roberto, Willelmo, qui etiam a patre, ob causam memoriæ, colaphum suscepti. Suscepit etiam aliud colaphum Ricardus de Lillebona, etc.* » (1).

Vers cette époque, l'abbaye de Saint-Jouin reçut parmi ses religieux un homme qui devait jouir d'une grande célébrité par sa réputation de vertu, par ses fondations et par les bienfaits dont il devait combler la maison où il avait été initié à la vie religieuse

Cet homme s'appelait Raoul de la Fustaie, né dans la paroisse de ce nom, au pays du Maine. Attiré par le désir de se consacrer au service de Dieu, Raoul quitta sa famille, et vint chercher dans le fameux monastère de Saint-Jouin, la paix dont son âme avait soif. Il fut accueilli avec charité par les religieux et il les édifia bientôt par ses vertus.

Notre abbaye allait posséder un certain nombre d'églises dans le diocèse du Mans, et le pieux instigateur de ces libéralités en faveur de Saint-Jouin devait être ce même Raoul de la Fustaie, que la Providence n'avait formé aux vertus solides dans l'obscurité du cloître, que pour le faire briller plus tard sur un théâtre plus vaste et plus en rapport avec ses grandes capacités. Voici comment s'accomplit la destinée de ce grand homme.

Il apprit les prodiges de sainteté dont la forêt de Craon fut le théâtre, sous la conduite de Robert d'Arbrissel, qui l'associa à ses travaux d'une manière plus intime avec Bernard de Tiron, Vital et Firmat. Le nombre des ermites augmentant toujours, le bienheureux Robert fut obligé de les diviser en trois colonies, dont l'une fut confiée à notre Raoul.

(1) (Cartulaire de Préaux, Archives de l'Eure), cité par le Prévost *Mém. et notes*, III, p. 301.

Lorsque Robert d'Arbrissel reçut du Pape la grande et difficile mission d'évangéliser la Bretagne, le Maine et la Normandie, Raoul de la Fustaie fut l'un de ses compagnons dans ses courses apostoliques. Ce fut au milieu de ces prédications que Raoul étant au diocèse du Mans « fit donner à l'abbaye de Saint-Jouin, qu'il reconnaissait toujours pour sa mère, diverses églises dans le même diocèse, mais surtout celle où il avait pris naissance, c'est-à-dire l'église paroissiale de la Fustaie ».

Lorsque le champ du Seigneur eut été labouré par ses mains dévouées, Robert d'Arbrissel et ses compagnons rassemblèrent les disciples qu'ils avaient laissés sur leurs pas et les emmenèrent aux déserts où ils reprirent avec eux leur vie retirée et leurs habitudes solitaires. Raoul conduisit sa colonie dans la forêt de Nid-de-Merle, où il fonda deux couvents, pour les femmes et pour les hommes, avec des constitutions semblables à celles de Fontevrault. Plus tard, à l'exemple de son bienheureux maître, Raoul fonda dans la Bretagne, le Maine et l'Anjou, plus de vingt monastères, parmi lesquels il faut citer avant tout Locmaria, Fougereuse et la grande abbaye de Saint-Sulpice de Rennes. Il mourut, au milieu des saintes filles qu'il avait établies dans ce dernier couvent, le 26 août 1129. Son corps fut déposé dans l'abbaye. Une confrérie de son nom avait été établie à Saint-Sulpice de Rennes, et avant la Révolution une chapelle et une fontaine rappelaient le souvenir des miracles attribués à son intercession (1).

BRICE, BRICTIUS

Il succéda à Simon II, vers l'an 1095. Les moines de Saint-Jouin étaient allés le chercher, pour le placer à leur tête, dans l'abbaye de Saint-Florent de Saumur, qui jouissait alors d'une très grande réputation de sainteté.

(1) De Chergé, *La vie des saints du Poitou*, p. 228.

Depuis quelques années de riches apports avaient été faits à l'abbaye par les vicomtes de Thouars. Aimery IV de Thouars avait accompagné le duc Guillaume à la conquête de l'Angleterre, en 1066. Le deuxième corps de l'armée expéditionnaire, composé de Poitevins, de Bretons et d'Angevins, avait été placé sous le commandement d'Aimery de Thouars. Ce corps décida de la victoire.

Ce vicomte et l'ancien seigneur de Parthenay rapportèrent d'Angleterre d'immenses richesses en monnaies, lingots, vases et objets précieux. Aimery, en sa qualité de chef de corps, avait une part de butin considérable. Les églises et les abbayes de la vicomté de Thouars ne furent pas oubliées par lui en cette occasion ; elles s'enrichirent d'une quantité de vases d'une valeur inestimable. Il est fort présumable qu'une partie des richesses de notre abbaye à cette époque provenait du butin pris sur les Anglais.

Ces richesses venaient à point pour l'entreprise de longue haleine que méditait l'abbaye de Saint-Jouin. Il s'agissait de reconstruire l'église. Cette œuvre allait solliciter toute l'attention de Brice et de son successeur. Pour la mener à chef, il y fallait la sympathie des vicomtes de Thouars et les générosités de la maison de Bressuire. Le monastère était délabré ; l'ensemble des bâtiments était devenu impropre aux exigences de la vie régulière. Une reconstruction fut décidée, d'autant plus heureusement que, dans ce milieu, vivaient des hommes intelligents, à qui les beautés des nouvelles églises et des moutiers sortis de leurs ruines inspiraient des idées de restauration analogues.

C'est pour satisfaire leur piété pour le saint patron de leur monastère et pour répondre aux vœux des populations voisines, aussi bien qu'à ceux des pélerins, que les moines de Saint-Jouin-de-Marnes entreprirent de construire la vaste et magnifique basilique, que les temps ont respectée et que nous admirons aujourd'hui comme l'un des édifices les plus parfaits de la fin du xie siècle. Nous ferons ailleurs la description de ce temple que recommandent l'art et la religion.

Quel est le grand artiste auquel est due cette belle église ? M. Bélisaire Ledain, ancien inspecteur de la Société française d'archéologie pour les Deux-Sèvres, lauréat de l'Institut et connu par ses travaux d'histoire, est le premier qui ait découvert le nom qui nous occupe. Le premier, il a signalé dans la *Chronique de Saint-Maixent*, vulgairement dite de Maillezais, un passage relatif à la reconstruction de l'abbaye poitevine par le moine Raoul : *Anno 1095, cœpit Radulphus monachus sancti Jovini suos et sua loca instruere* (1).

Ces paroles du chroniqueur désignent, il est vrai, l'ensemble du monastère sans rien dire positivement sur la construction de l'église. Mais celle-ci se trouve comprise assurément dans le récit de l'historien.

M. Ledain fait remarquer avec raison que la consécration de l'église et du maître-autel ayant eu lieu en 1130, d'après le même document, il faut nécessairement qu'elle ait été réédifiée entre les années 1095 et 1130.

Cette dernière date est aussi celle de la découverte des reliques de saint Martin de Vertou et de plusieurs autres saints auprès du sarcophage de Saint-Jouin. Cette découverte fut saluée par une explosion de joie dans toute la contrée.

Comme le fait justement observer M. Joseph Berthelé (2), ces deux faits attestent nettement la reconstruction de l'église ; ils appuient et éclaircissent le passage de la Chronique de Saint-Maixent. C'est donc avec tout droit que le savant archiviste du département des Deux-Sèvres, à la suite de Bélisaire Ledain, attribue au moine Raoul la reconstruction de la belle église de

(1) Labbe, *Bibliotheca nova manuscriptorum*, t. II, p. 213. *Chronicon Malleacense seu abbatiæ St-Maxentii in Pictaviensi diœcesi.*

(2) Bulletin monumental, t. LIII, p. 14.

Saint-Jouin. Il a eu raison de le mettre au nombre des architectes poitevins du moyen âge.

La basilique de Saint-Jouin a donc été bâtie entre les années 1095 et 1130, à la fin du xi⁰ et au commencement du xii⁰ siècle. S'il fallait un supplément de preuve, au dire de M. Berthelé, on pourrait peut-être le trouver dans la charte donnée en 1120 par le comte d'Anjou, Foulques V le jeune (1109-1129). Cette charte est au profit de l'abbaye, que molestait alors le seigneur de Moncontour. « *Omnes proprii abbatie homines*, dit le comte Foulques, *sive indigeni fuerint, sive de foris venerint, ab omni in perpetuum tam Petri quam omnium futurorum Montis Comitis dominorum servitio immunes sint ; immunes sint cementarii, immunes sint carpentarii, sint immunes fuleatores, sint immunes et alia quælibet officia exercentes* (1). Cette énumération qui comprend les maçons, les charpentiers et autres ouvriers semble indiquer une période de construction active.

Mais quel est ce Raoul à qui la France doit un monument aussi remarquable que la basilique de Saint-Jouin-de-Marnes, et le Poitou, l'une de ses plus belles fleurs artistiques ? Il y eut à cette époque au moins deux, si ce n'est trois moines du nom de Raoul dans notre abbaye. Le plus connu est le bienheureux Raoul de la Fustaie, qui était venu du diocèse du Mans faire profession à l'abbaye de Saint-Jouin, dans les dernières années du xi⁰ siècle. Il avait quitté notre abbaye avant l'an 1100, avec la permission de son abbé, pour suivre Robert d'Arbrissel. Il fut un des grands prédicateurs de cette époque.

Mais si Raoul de la Fustaie n'est pas le moine architecte de Saint-Jouin, ce moine architecte peut se reconnaître dans le moine Raoul, qui gouverna l'abbaye de Saint-Jouin durant un certain nombre d'années. Ce Raoul, simple moine, allait occuper une grande situa-

(1) Grandmaison, *Cartulaire de St-Jouin.*

tion parmi ses frères. Nous sommes heureux de connaître son nom, car les noms des constructeurs d'une foule de belles églises du moyen âge sont généralement ignorés. Grâce à la *Chronique de Saint-Maixent*, le nom de l'artiste de Saint-Jouin fait exception.

Brice était abbé de Saint-Jouin quand commencèrent les travaux de sa maison, sous la conduite du maître Raoul. Cet abbé assista, le 7 décembre 1099, à la dédicace solennelle de Saint-Nicolas de la Chaise-le-Vicomte fondée par les vicomtes de Thouars (1). Cette église avait eu aussi pour architecte un moine du nom de Jean (2). Les arts et les sciences, réfugiés et conservés dans les abbayes, n'en sortirent guère qu'à la fin du xii et au commencement du xiiie siècle, pour se répandre dans les autres classes de la société.

La dédicace de l'église Saint-Nicolas de la Chaise eut lieu sous Herbert II, de Thouars. Ce vicomte pria Pierre II, évêque de Poitiers, de consacrer cette église, que son père Aimery IV avait fondée. Cette cérémonie fut faite avec la plus grande pompe, en présence d'une telle multitude que les anciens de l'assemblée disaient qu'il n'y avait pas eu autant de monde à la dédicace de Charroux, en 1048. Guillaume, duc d'Aquitaine, et sa mère Hildegarde y assistèrent, accompagnés des grands de leur cour, des seigneurs thouarsais et d'un grand nombre de personnages venus de pays éloignés. On y voyait les abbés : Brice, de Saint-Jouin-de-Marnes ; Guillaume, de Saint-Florent-de-Saumur ; Geoffroy, de Maillezais ; Raynaud, de Saint-Cyprien-de-Poitiers ; Rainauld, de Luçon ; Guarin, de Saint-Michel-en-Lherm, et Alexandre, de Sainte-Croix-de-Talmond (3).

A Saint-Jouin-de-Marnes, les travaux marchaient en

(1) Chronique des églises d'Anjou, p. 240.

(2) Cartulaire du Bas-Poitou, par Marchegay.

(3) *Mém. de la Soc. des Antiq. de l'Ouest*, t. XXIX, p 352; Notice sur les vicomtes de Thouars, par Imbert.

dépit des persécutions violentes du seigneur de Moncontour qui réduisait notre abbaye à l'état le plus misérable. Depuis longtemps Pierre de Moncontour s'était emparé des biens des moines, s'en faisant donner les revenus, et de cette fortune brillante, sur laquelle les religieux comptaient pour la renaissance de leurs affaires, il ne leur restait que le strict nécessaire pour la vie de chaque jour. Il fallut, pour remédier au mal, un jugement solennel de Foulques V, comte d'Anjou, le dernier du nom. Il fit oublier par sa justice et sa piété l'odieux qui s'était attaché au nom de ses prédécesseurs. Grâce à lui, un jugement fut rendu vers 1120 sous le gouvernement de Raoul.

Le moine Raoul, en effet, l'architecte de l'église et des autres constructions, ne tarda pas à être élevé à la dignité d'abbé, en considération de son mérite et de ses services. L'abbé Raoul qui succéda à Brice, vers 1113, ne peut être, suivant toutes les apparences, que le moine architecte désigné par la *Chronique de Saint-Maixent.*

Aimery V de Thouars (1125-1127) fut inhumé dans l'abbaye de Saint-Jouin-de-Marnes, d'après Grandmaison ; d'autre part, une charte de Fontevrault place cette sépulture dans l'église Sainte-Marie du lieu, ainsi que celle de son fils Guillaume.

La période qui commence avec le xi⁰ siècle et s'étend jusqu'à la fin du xii⁰ peut être considérée comme l'âge d'or de la vie monastique. Un enthousiasme plus ou moins conscient faisait vibrer les âmes, un héroïque détachement des biens présents, une foi simple et généreuse suscitaient de toute part des vocations religieuses. L'attrait qu'exerçait le cloître est à peine croyable. La vie régulière était un idéal que chacun voulait atteindre, tant il semblait à ces âmes altérées de renoncement que leur salut ne pouvait être ailleurs. Aussi voyait-on les hommes et les femmes, que les nécessités et les convenances sociales retenaient dans le monde, se rapprocher aussi près que possible de l'état religieux qu'il leur était interdit d'embrasser. De ce sentiment très vif naquirent les associations pieuses, dites fraternités, qui unissaient les religieux vivant en communauté et les simples fidèles demeurés dans le monde. Du Cange donne plusieurs textes relatifs à cette participation aux prières, suffrages et bonnes œuvres des moines (1).

(1) Du Cange, *Glossaire*, t. II, p. 531-532.

CHAPITRE VI

La dédicace de l'église d'Ension

LE MOINE ARCHITECTE RAOUL. — INVENTION DES CORPS SAINTS. — SIMON III. — BERNARD Ier. — ABBÉ NICOLAS. — BULLE CONFIRMATIVE D'ALEXANDRE III (1179). — PIERRE Ier. — RENAUD Ier. — HUGUES. — ANDRÉ. — RENAUD II. — GUILLAUME Ier. — FRANÇOIS. — GUILLAUME II CHABOT.

Brice étant mort, les moines choisirent pour gouverner la communauté l'un d'entre eux, nommé Raoul. Nous connaissons peu de choses de lui, mais ce qui nous est parvenu conspire à l'identifier avec le moine architecte de la maison.

Le 25 juin 1113, il conclut un accord avec Archambault, abbé de Saint-Aubin-d'Angers, pour régler les prétentions des deux monastères sur l'église de Saint-Jouin-du-Lude (1), non de Saint-Jouin-de-Loudun, comme plusieurs ont traduit *Lusdensis* (2).

Six ou sept ans après, il employait avec grand avantage le crédit dont il jouissait près du comte d'Anjou,

(1) Gallia Christ., t. II, col. 1275, ; t. XIV, col. 614.

(2) *Lusdum*, Le Lude, au diocèse du Mans. L'abbaye de Saint-Aubin possédait le prieuré de Raillon au Lude. C'est peut-être le prieuré de Saint-Jouin. Il n'y a que quelques titres sur ce prieuré aux archives de la Sarthe, et ces titres sont peu anciens. Le prieuré de Saint-Jouin-du-Lude avait été restitué en 976 par Geoffroy Grisgonelle, — comme on l'a vu précédemment.

Foulques V le jeune, pour délivrer les moines de Saint-Jouin et leurs vassaux des vexations que leur faisaient souffrir les seigneurs de Moncontour. L'accord fut conclu en 1120, au moment où les travaux de l'église étaient en pleine activité, puisque la consécration est postérieure de dix ans. Il semble que cet homme, qui conduisait habilement les affaires temporelles de son monastère, est celui que les chroniques désignent par ces mots : « *Anno 1095, cœpit et Radulphus monachus sancti Jovini suos et sua loca instruere.* » Les mots *suos* et *sua* indiquent un homme qui s'est spécialement identifié avec le monastère. S'il fut simplement appelé *moine*, c'est qu'il a commencé les travaux du temps de Brice, lorsqu'il n'était encore qu'un simple moine de la communauté, et c'est probablement à raison des services qu'il rendait qu'il en fut fait le chef.

Foulques V affranchit l'abbaye de Saint-Jouin et tous ses domaines du droit de voirie ou de justice qui avait injustement pesé sur elle ; il déclara tous les hommes vassaux de l'abbaye, soit indigènes, soit étrangers, affranchis de tous services féodaux envers les seigneurs de Moncontour, et défendit aux hommes de Moncontour d'acheter des terres ou de se marier sur le territoire de l'abbé, sans son consentement et celui de son chapitre (1).

Il faut expliquer ces droits du seigneur au moyen âge. Notre abbaye avait la garde noble des enfants de ses fiefs et le droit de les marier, *maritagium eorum*, ainsi que le droit de marier les veuves des chevaliers et des vassaux de ses fiefs. Nul n'ignore aujourd'hui que c'était là proprement le fameux droit du seigneur dont on a tant parlé. Si les filles des vassaux avaient eu la liberté indéfinie de se marier, elles auraient pu choisir un époux, ou ennemi de leur suzerain, ou trop puissant pour être contenu dans les devoirs du vasselage. Le

(1) Grandmaison, *Cartul. de St-Jouin*, p. 27-30.

seigneur pouvait encore contraindre la vassale noble à se marier et lui désigner un époux, afin que le service du fief fût rempli (1).

Par une autre charte de la même époque 1121, Foulques V donna à l'abbé Raoul le tiers du produit de la foire de la Saint-Jean à Vihiers. Cette foire avait été instituée par le comte le jour de la dédicace de l'église Saint-Jean-Baptiste de Vihiers, cérémonie accomplie par Pierre II, évêque de Poitiers (2).

Au nom de Raoul se rattache l'achèvement de l'église qui suffit pour immortaliser son nom.

Un autre événement, capital dans l'histoire de notre abbaye, se rattache au nom de Raoul.

Les travaux que l'on exécuta près du tombeau du saint patron firent découvrir les reliques de saint Martin de Vertou, de saint Judicaël, de saint Lumine, de saint Rufin, de saint Mérault et de saint Mandé, qui avaient été transportées en ces lieux, au cours du ixe siècle, pour les soustraire aux profanations des pirates du Nord. Elles avaient été déposées près du sarcophage de saint Jouin, au lieu même où elles furent trouvées le 6 des calendes de novembre 1130 (3). Il résulte du récit de la découverte que le corps du bienheureux Jouin n'avait pas été changé de place depuis la déposition. Il était encore dans son sépulcre de pierre et les autres amis de Dieu dont la dépouille mortelle avait été jointe à la sienne avaient trouvé une demeure paisible à l'abri de son tombeau. Ils reposaient là, soustraits aux regards de tous, même des moines, depuis de longues années.

Cette découverte fut saluée par une explosion de joie

---

(1) L. Delisle, *Etudes sur la condition de la classe agricole*, p. 68-75.

(2) Grandmaison, *Cartul. de St-Jouin*, p. 31.

(3) *Ex vetere Legendario Jouiniano.* Registre de 1663 à 1700, Mairie de Saint-Cassien.

dans toute la contrée, et il se fit un concours immense
de peuple. La mémoire d'un si heureux événement fut
célébrée tous les ans, le dimanche qui suit la nativité de
la sainte Vierge. Cette fête se solennise encore et elle fut
autrefois l'occasion d'un nombreux concours de pèlerins
et d'une grande dévotion (1).

Cette découverte donna lieu à une nouvelle translation, c'est-à-dire au dépôt solennel des pieux ossements
dans des châsses neuves enrichies d'or et de pierreries (2).

Autre événement important de l'abbatiat de Raoul.
Telle fut l'impulsion qu'il imprima à la marche des travaux qu'en trente-cinq ans, de 1095 à 1130, l'église et
les cloîtres furent achevés. La dédicace de l'église fut
l'œuvre de Guillaume Adelelme, évêque de Poitiers.
L'église construite sur les dessins du grand abbé dut
consoler les moines par sa magnificence des peines auxquelles les avaient condamnés les vexations d'un puissant voisin. On voudrait connaître les détails de cette
cérémonie, qui dut rassembler autour de l'abbé de
Saint-Jouin et de l'évêque consécrateur nombre de
dignitaires ecclésiastiques et toute la noblesse de la
contrée. Mais le récit de ces faits n'est pas parvenu
jusqu'à nous.

(1) Bolland, oct. t. X, p. 801.

(2) « *Inter sacra pignora præcipue celebratur integrum corpus
S. Jovini quod in Ecclesia sancti Johannis Evangelistæ absconditum,
dein anno 1130 tumulo extractum. in cupreo loculo, argento, auro,
lapidibusque pretiosis ornato inclusum, super altare majus repositum
fuit, una cum sacris B. Martini Vertavensis ossibus, quæ Vertavenses
metu Normannorum, ut diximus, transtulerant, et in tumulo S. Jovini absconderant ; sanctorum quoque Mairulfi seu Marulfi et Rufini
reliquiæ, in theca cuprea, argento obducta inclusæ ornabant dextrum
altaris eorum... Supersunt tamen haud exiguæ molis reliquiæ in
arcula lapidea sub altari sancti Michaelis anno 1657 repertæ, quas
sancti Marulfi esse N. de la Chapelle, S. Jovini monacchus, recepta a
Majoribus traditione relatum testatur.* » (Biblioth. nat., fonds lat.,
nº 5449, fol. 5.)

Les annales de notre abbaye ne nous disent pas non plus si cette maison eut à souscrire aux Rouleaux des morts. L'illustre M. Delisle, administrateur honoraire de la Bibliothèque nationale, a consacré un article à ces *Rouleaux des morts,* dans la revue intitulée : *Bibliothèque de l'Ecole des chartes* (1). Nous ne voyons pas figurer l'abbaye de Saint-Jouin parmi celles qui souscrivirent à l'annonce des décès. On sait qu'au xiie siècle, le porteur du rouleau de parchemin se présentait à chaque monastère pour faire part de la mort d'un abbé ou d'un autre personnage ecclésiastique, et un moine du monastère visité mettait sa suscription sur le rouleau funèbre.

SIMON III (1139)

La bienveillance des vicomtes de Thouars envers l'abbaye de Saint-Jouin forme un contraste frappant avec la dureté des seigneurs de Moncontour. En 1139, le vicomte Aimery VI, sur le point de mourir, manda l'abbé Simon III, successeur de Raoul, pour l assister à ses derniers moments. Le vicomte se recommanda aux prières de l'abbé et à celles de ses religieux, et obtint de lui la promesse de faire ensevelir son corps dans le cloître de Saint-Jouin. En reconnaissance de cette faveur, et pour s'assurer le suffrage perpétuel de leurs prières, il leur donna le droit de fromentage (2) perçu au profit du vicomte sur les hommes relevant ou dépendant de l'abbaye. Aimery VI mourut très peu de temps après cette donation, la même année Le jour de ses funérailles à Saint-Jouin, le vicomte Guillaume IX, son cousin et successeur, dernier du nom, renouvela et conféra le don du droit de fromentage (3), en présence

(1) 2ᵉ série, t. III, p. 397.

(2) *Archives historiques du Poitou,* t. IX, p. 95.

(3) Le droit de fromentage était un certain droit de prélèvement sur les blés et sur les vins. Ce droit variait de qualité suivant les époques.

d'une nombreuse assemblée de seigneurs. Guillaume déclare, dans la charte donnée à cette occasion, que sa libéralité est faite en vue du soulagement des âmes de son père et de son prédécesseur, tous deux ensevelis dans l'abbaye. Le vicomte Aimery V, père de Guillaume, était mort en 1127 (1). Aimery VI, de Thouars, fut enterré à Saint-Jouin, conformément à son désir (2).

Soit que les limites de la Trinité de Mauléon ne fussent pas posées d'une manière précise à l'origine, soit qu'autour de l'abbaye déjà florissante de nouveaux groupements de population se fussent produits, il devint nécessaire, en 1149, de mettre un terme aux contestations élevées depuis longtemps à ce sujet entre les chanoines de la Trinité et le monastère de Saint-Jouin-de-Marnes, dont dépendait Saint-Jouin-de-Mauléon. Gilbert de la Porée, le 2 juillet 1149, dans une charte donnée par la main de Jean, écolâtre de Poitiers, eu égard à la pauvreté de Mauléon, régla que l'église de la Trinité aurait tous droits paroissiaux sur le territoire sis entre l'étang et la voie publique, hormis la dîme et le droit de sépulture conservés à l'église de Saint-Jouin, à condition de payer chaque année à l'abbaye de Saint-Jouin-de-Marnes, le surlendemain de Noël, vingt sous monnaie d'Angers et trois sous pour cession de droits (inconnus) sur l'église de Montigny, jugement que Simon III, abbé de Saint-Jouin-de-Marnes, et Hugues, abbé de Mauléon, agissant respectivement au nom de leurs chapitres, s'étaient par avance engagés à accepter (3).

Les vicomtes de Thouars ne se lassaient pas de favoriser le monastère de Saint-Jouin-de-Marnes.

Guillaume IX, duc de Guyenne et vicomte de Thouars,

---

(1) Grandmaison, *Cartul. de Saint-Jouin*, p. 33-34 ; D. Fonteneau, t. XIII, p. 301.

(2) Gallia Christiana, t. II, col. 1275.

(3) D. Fourier Bonnard, *L'abbaye de la Sainte-Trinité de Mauléon*, p. 43.

était décédé avant 1153, car en cette année Geoffroy était vicomte de Thouars (1).

Le vicomte Geoffroy IV fit donation, en 1155, à l'abbaye de Saint-Jouin, encore gouvernée par Simon III, de la taille qu'il levait sur une borderie de terre dite de Rainiard de Villeneuve. En outre, il institua, en faveur des vassaux du monastère, de précieuses garanties de procédure contre les agissements de ses fermiers de péage et de ses sergents dans l'exercice de leurs fonctions. Cet acte fut signé dans l'église de Saint-Pierre de Thouars, en présence de nombreux dignitaires ecclésiastiques et de chevaliers de la vicomté (2).

BERNARD I

L'abbé Bernard, successeur de Simon III à Saint-Jouin, fut appelé en 1173 près de Geoffroy IV mourant, auquel il administra le sacrement d'extrême-onction.

Le vicomte donna à l'abbaye le droit de fromentage que les hommes des chevaliers résidant sur la paroisse de Saint-Jouin et le territoire abbatial en général payaient aux vicomtes de Thouars. En reconnaissance de ce bienfait, les moines s'engagèrent à entretenir à perpétuité un prêtre chargé d'offrir chaque jour le saint sacrifice de la messe pour le repos de l'âme du donateur. Ce don qui complétait la première concession de fromentage faite en 1139 fut octroyé par Geoffroy IV, du consentement de son fils Aimeri et en présence de notables personnages, parmi lesquels nous citerons Pierre, abbé de Saint-Laon de Thouars ; Guillaume, abbé d'Airvault ; Jean, bailli de l'abbaye de Saint-Jouin, et Juen, prévôt du même lieu. La mention de ces deux derniers officiers prouve que l'abbaye exerçait les droits de justice

(1) *Arch. hist. du Poitou*, t. IX, p. 95.

(2) Grandmaison, *Cartul. de St-Jouin*, p. 35-36.

sur son territoire (1). Jean Haton ou Atom figure parmi les seigneurs présents à cet acte. C'est un personnage qui paraît avoir joué un certain rôle à la cour du vicomte de Thouars.

Le vicomte Geoffroy IV fut enseveli dans le cloître de Saint-Jouin (2).

C'est à cette époque, sous l'abbatiat de Bernard ou du suivant, qu'il faut placer une entente qui fut conclue entre l'abbaye de Saint-Jouin et le chapitre de Saint-Laud d'Angers, au sujet de la terre de la Chaussée (3). En ce temps vivait Gillebert, moine de Saint-Jouin, qui est cité dans la plainte du chapitre de Saint-Laud d'Angers contre Geoffroy de Ramefort. Celui-ci avait enlevé à Saint-Laud les biens de l'Onglée. Il avait été excommunié pour ce fait et refusait d'accepter le jugement ecclésiastique (4).

Dans l'impossibilité où nous sommes de fixer une date à l'avènement de Bernard à la chaire abbatiale, nous donnons ici comme appartenant à cette époque l'acte suivant émané du siège apostolique. Il s'agit encore de quelques revendications du chapitre de Saint-Laud d'Angers.

Une lettre du pape Adrien IV (1154-1159) à l'évêque de Poitiers lui mande de faire restituer au chapitre de Saint-Laud des terres qui lui avaient été enlevées par les moines de Saint-Jouin-de-Marnes, terres que les chanoines prétendaient avoir possédées cinquante-et-un ans auparavant et que lesdits religieux avaient usurpées sans jugement. Le pape nomme l'évêque de Poitiers juge en cette affaire et le commet pour recevoir et apprécier les réclamations des moines de Saint-Jouin, s'il y a lieu (5).

---

(1) Grandmaison, *Cartul. de St-Jouin*, p. 37.

(2) Bib. nation., fonds lat., n° 5449.

(3) Cartul. de Saint-Laud d'Angers, p. 73.

(4) *Mém. de la Soc. des Antiq. de l'Ouest*, 1re série, t. XXIX. p. 367.

(5) Planchenault, *Cartulaire du chapitre de Saint-Laud d'Angers*, p. 85.

C'est ici le lieu de faire observer qu'avant le xiie siècle, dans les plus importants et les plus nombreux documents, les chanoines, moines, religieux et religieuses se montraient surtout des propriétaires cherchant à conserver et à augmenter leurs biens et leurs richesses par tous les moyens usités, même par les épreuves du fer rouge et de l'eau bouillante, ainsi que par le duel judiciaire, appelé si mal à propos *le jugement de Dieu*. Mais, à partir du xiie siècle, l'autorité du pape et des évêques parvint à terminer d'une manière plus pacifique et plus régulière les contestations qui survenaient entre les gens d'église des deux sexes (1). La lettre d'Adrien IV dont nous venons de parler confirme les réflexions qui précèdent. Le recours de Nicolas II, abbé de Saint-Jouin, au pape Alexandre III aura pour but de se faire confirmer dans la possession paisible des biens de son abbaye. Il faut reconnaître que la civilisation gagnera à cette garantie des propriétés ecclésiastiques employée de préférence aux anciennes épreuves du fer rouge ou de l'eau bouillante.

NICOLAS

L'abbé Nicolas gouvernait l'abbaye de Saint-Jouin en 1179. C'est lui qui obtint du pape Alexandre III, en cette année même, une bulle importante qui plaçait son abbaye sous la puissante protection du Saint-Siège. Aux confirmations épiscopales, en effet, les abbayes aimaient à ajouter les rescrits pontificaux d'approbation et de protection, que les communautés demandèrent souvent au cours des xiie et xiiie siècles. A cette époque où la majesté du pouvoir apostolique ne trouvait guère que de fidèles sujets dans les rangs de la chrétienté, on conçoit de quelle importance pour les abbayes étaient les rescrits pontificaux, sources tout à la fois de précieux

____

(1) *Soc. de statist. des Deux-Sèvres*, t. VII, 1842-43, p. 71.

privilèges spirituels et de garantie assurée pour les biens temporels. Au moyen âge, comme en d'autres temps, la force prime trop souvent le droit, mais à aucune époque peut-être le droit opprimé ne rencontra à Rome des protecteurs plus dévoués. Les grandes causes trahies étaient portées en appel au Saint-Siège et l'histoire en cite de mémorables exemples. Ce qui n'est pas moins digne de remarque, c'est la confiance avec laquelle les religieux s'adressent au pape pour leurs intérêts temporels, soit qu'il s'agisse du redressement d'une injustice, soit de la récupération d'un droit utile ou de la solution d'un conflit. Mais, comme en tout cela il ne s'agissait que de questions de fait, le pape renvoyait l'affaire à deux ou trois prélats du voisinage, qui devaient évoquer la cause à leur tribunal et parfois rendre compte au pape avant de porter la sentence ; mais jamais la justice accessible et paternelle des souverains pontifes ne se désintéressa de ses clients et de leurs causes, pour humbles qu'ils fussent (1).

La bulle en faveur de Saint-Jouin-de-Marnes commence par ordonner l'observation de la règle de saint Benoît, qui y était déjà établie depuis plusieurs siècles. Le pape confirma l'abbaye dans la possession de tous ses biens présents et futurs ; il donna, à cette occasion, l'énumération des nombreuses églises qui relevaient de notre monastère.

C'est une précieuse statistique, qui supplée dans une certaine mesure aux chartes de fondations dont la plupart manquait dans le cartulaire. L'origine précise de leur possession est donc inconnue ; mais la propriété de celles qui sont portées dans le document pontifical est antérieure à la fin du xııe siècle, ce qui suffit amplement pour la rendre fort respectable. Il est assez facile d'identifier les anciens noms de lieux avec les dénominations modernes. Quelques noms font cependant difficulté.

_____

(1) **Porée**, *Hist. de l'abb. du Bec.*, t. I, p. 358.

La bulle d'Alexandre III fait la nomenclature de 130 bénéfices appartenant alors à notre abbaye. Par là, cette bulle confirmait les possessions de Saint-Jouin-de-Marnes. La protection de saint Pierre fut efficace, car au bout de plusieurs siècles, nous retrouvons dans le chartrier de l'abbaye la preuve de la possession constante de ces mêmes églises, bien qu'on ait perdu depuis longtemps toute trace de titres originaux des premières donations.

On nous dispensera de reproduire le catalogue des dépendances ecclésiastiques de Saint-Jouin mentionnées dans la bulle de 1179.

Cette bulle n'est pas seulement une confirmation des biens de l'abbaye ; elle lui accorde encore d'importantes prérogatives. Le choix des curés dans les églises qui lui appartiennent lui est réservé, et les évêques auxquels ils sont présentés ne peuvent que leur conférer les pouvoirs spirituels s'ils les trouvent convenables.

Les curés ainsi nommés ne pourront être dépouillés de leurs fonctions ou de leurs bénéfices par les évêques, sans jugement et sans cause raisonnable.

Le pape autorise l'abbé à recevoir dans son monastère, sans que personne puisse y mettre obstacle, toutes personnes, clercs ou laïques, qui, fuyant le monde, voudraient y embrasser la vie religieuse. Il défend à tous ceux qui y auront fait profession d'en sortir, même pour entrer dans un ordre plus sévère, sans la permission écrite de l'abbé.

Il accorde au monastère, en cas d'interdit général jeté sur le pays, le privilège considérable de continuer la célébration des offices et de donner la sépulture ecclésiastique à tous les fidèles qui voudront se faire enterrer à Saint-Jouin, à moins qu'ils ne soient excommuniés.

L'élection des abbés par les moines, conformément à la règle de saint Benoît, est confirmée et recommandée. L'exemption de la dîme est accordée sur les terres que les moines cultivent de leurs propres mains ou à leurs frais.

Enfin le pape défend, sous peine d'excommunication, à toute personne ecclésiastique ou séculière, de rien entreprendre contre les droits et propriétés du monastère, en réservant toutefois les droits de l'autorité apostolique et ceux de la justice épiscopale (1).

Ce n'est pas seulement envers l'abbaye de Saint-Jouin que le pape Alexandre III (1179) manifesta sa bienveillante sollicitude. Tous les monastères, à quelque ordre qu'ils appartiennent, lui étaient également chers. Il permit aux abbés d'administrer tous les sacrements, dans leurs églises ou chapelles, à leurs fermiers et autres serviteurs, et il défendit aux évêques de les troubler dans l'exercice de ce droit.

Jaffé, Regesta Pontificum romanorum, de 1158 à 1385, « *Monasterii S. Jovini tutelam suscepit, bonaque et jura confirmat petente Nicolao abbate, Pro XVII Maii lege : XVII Kal Maii* » (2).

PIERRE Ier, 1186

Après l'abbé Nicolas, le moine Pierre gouverne ses frères à Saint-Jouin. En 1186, Guillaume de Mauléon restitua à son abbaye des droits qu'il avait usurpés sur le prieuré de Mauléon. Cet arrangement se fit par les soins de Guillaume Tempier, évêque de Poitiers. Pierre était encore abbé en 1189 lors de l'accord intervenu entre le supérieur de Vertou et Guillaume de Goulène, accord qui eut lieu sous le règne d'Henri, roi d'Angleterre.

(1) Grandmaison, *Cartul. de St-Jouin*, p. 38-45.

(2) Bib nat., Collect. Moreau, t. LXXXII, fol. 190

RENAUD I⁰ʳ, 1199

L'abbé Renaud, dont le nom est resté inconnu aux auteurs du *Gallia Chrisiiana*, est contemporain de Pierre I⁰ʳ, abbé d'Airvault. Il reçut, au nom de son monastère de Saint-Jouin, en 1199, et en présence de cet abbé, d'Aimeri VII, vicomte de Thouars, de sa sœur Philippe, et de ses neveux Geoffroi et Guy d'Argenton, fils de ladite Philippe, le don d'une chapelle de Notre-Dame, située près du cimetière d'Argenton. Cette chapelle avait jadis été fondée et dotée par Eulalie, dame d'Argenton, du consentement de ses fils Pierre de Chemillé et Aimeri d'Argenton. Elle se trouvait placée sur le territoire de la paroisse de Saint-Gilles d'Argenton qui appartenait à Saint-Jouin. L'abbaye s'engagea, en vertu de cette donation, à y placer deux moines pour la desservir. Cet acte fut confirmé par Maurice, évêque de Poitiers, en présence des donateurs et de nombreux témoins : Guillaume Daniel, de Châteaumur ; maître Landri, médecin ; Aimé Amelin, aumônier de Saint-Jouin ; André, prévôt de ladite abbaye ; Geoffroi Rocher, prieur de Sainte-Verge, etc. (1).

Geoffroi, seigneur d'Argenton, mentionné dans la donation précédente, concéda également à notre abbaye, par acte passé dans le cloître de Saint-Gilles d'Argenton, en 1207, la bourgeoisie d'un certain Arnaud Robert avec ses dépendances. Tous ceux qui la posséderont à perpétuité devaient être affranchis de tous services féodaux envers lui. En compensation, les moines seront tenus de recevoir parmi eux son clerc Maurice. Parmi les témoins figurent G. de Senzay, prieur d'Argenton, et un chevalier du même nom, R. de Senzay, probablement son parent (2).

---

(1) Grandmaison, *Cartul. de Saint-Jouin*, p. 44 ; D. Fonteneau, t. XIII, p. 311.

(2) Grandmaison, *loc. cit.*, p. 45-46.

Renaud était encore abbé à l'époque de cette donation en 1207. Plus tard, le 11 février 1223, Geoffroi d'Argenton affranchit de toutes redevances le prieuré de Saint-Gilles (1).

La prospérité de l'abbaye ne paraît pas avoir été troublée par la lutte des rois de France et d'Angleterre qui se disputèrent la possession du Poitou pendant la fin du xiie et le commencement du xiiie siècle, lutte à laquelle prirent une part très vive les vicomtes de Thouars. Elle ne fit, au contraire, qu'augmenter par suite des donations qui affluaient de toutes parts.

Les vicomtes de Thouars se signalèrent entre les autres seigneurs par leur générosité. Aimeri VII, vicomte alors régnant, donna à l'abbaye, en juillet 1221, une rente de trente-six setiers de froment sur le fromentage de Thouars, à la condition que les moines prieraient pour lui d'une manière spéciale et célèbreraient après sa mort un service annuel pour le repos de son âme.

Par un autre acte de juillet 1221, il lui assigna sur ses moulins de la chaussée de Thouars une rente de trente setiers de blé, dont quinze de froment et quinze de seigle. Par là, il entendait dédommager l'abbaye de la perte d'un moulin qu'elle possédait sur le Thouet et qu'il avait fait détruire. Ce moulin était au-dessous de la ville de Thouars (2).

Ce fut ce même abbé Renaud qui eut à négocier avec le monastère de Sainte-Trinité de Mauléon au sujet du moulin d'Alard, paroisse de Saint-Jouin-de-Mauléon, possédé à moitié par les deux abbayes, et pour lors tombé faute d'occupant. Par-devant l'archidiacre de Thouars, on s'entend sur la part de chacun dans les frais de réparation, et sur les droits et redevances mutuels, on lit ceci : « A chaque changement d'abbé à Mauléon, le nouvel élu sera tenu de payer à l'abbé de Saint-Jouin

(1) Graudmaison, *Cartul. de Saint-Jouin*, p. 47.

(2) Grandmaison, *loc. cit.*, p. 46 ; D. Fonteneau, t. XIII, p. 321-323.

soixante sous de monnaie courante et une anguille de douze deniers, dans le délai de dix mois à compter du jour de sa réception en son abbaye, après qu'il aura reçu la bénédiction. Fait au chapitre de Mauléon, en la fête de saint Brice (13 novembre 1225) » (1).

Enfin, au mois de mars 1226, Aimery VII se dépouilla de ses droits de péage sur les habitants de Saint-Jouin, qu'il en déclara à jamais affranchis. L'acte est daté de La Chaise-le-Vicomte (2).

L'abbaye avait eu des démêlés assez graves pour son prieuré de Chalandray avec Guy de Rochefort, seigneur de La Motte de Chalandray. Trois délégués du pape, envoyés pour juger l'affaire, l'avaient excommunié. Guillaume l'Archevêque, seigneur de Parthenay, son suzerain, à l'autorité duquel on eut recours, s'engagea en juin 1226 à payer à l'abbaye de Saint-Jouin, sur les revenus de Guy de Rochefort, une rente de cinquante livres tournois, jusqu'à ce qu'il eût donné satisfaction complète (3).

HUGUES

L'abbé Hugues avait remplacé Renaud dans la chaire abbatiale de Saint-Jouin. C'est lui qui termina, en 1233, un autre litige qui durait depuis longtemps entre Renaud, seigneur de Maulévrier, et le prieuré de Saint-Jean-de-Maulévrier appartenant à l'abbaye, au sujet du droit de haute justice et de voirie sur les sujets dudit prieuré.

La transaction que l'abbaye conclut avec le seigneur attribuait au prieur la juridiction sur ses hommes avec quelques restrictions. Ainsi, les cas de flagrant délit bien constatés demeuraient de la compétence du bailli

(1) D. Fourier Bonnard, *L'abb. de la Ste-Trinité de Mauléon,* p. 70.

(2) Grandmaison, *Cartul. de Saint-Jouin,* p. 47 ; D. Fonteneau, t. XIII, p. 329.

(3) Grandmaison, *loc. cit.,* p. 48.

seigneurial. Les malfaiteurs accusés de crimes dignes de mort devaient être emprisonnés par le viguier du prieur, mais livrés à la justice du seigneur pour la condamnation et l'exécution, un jour et une nuit après l'arrestation. En cas d'évasion d'un prisonnier, le viguier du prieur était responsable envers le seigneur. La transaction règle aussi le service militaire dû par les hommes du prieuré au seigneur de Maulévrier et à son suzerain, le comte d'Anjou (1).

ANDRÉ, 1266

L'abbé André avait succédé à Hugues, on ne sait en quelle année. Il se signala en 1262 par l'énergie qu'il mit à défendre les dîmes de Marnes contre les prétentions des seigneurs de ce lieu (2).

RENAUD II ou RÉGINALD

L'abbé Renaud lui succéda en 1277, au plus tard. Il régla, en l'an 1286, un différend survenu entre l'abbaye et son prieuré de Saint-Jouin-de-Mauléon. Il fit remise au prieur, nommé Renaud Fromond, d'une rente de 12 sous qu'il devait sur une maison sise dans le prieuré, à condition que cette maison appartiendrait à l'abbaye après sa mort.

GUILLAUME Ier, 1303

En 1303, au plus tard, Saint-Jouin eut pour abbé Guillaume Ier. Sa prélature fut marquée, en 1305, par la visite à Saint-Jouin de Bertrand de Gott, archevêque de Bordeaux, depuis pape sous le nom de Clément V.

Chaque visite à une église ou à un établissement religieux faisait l'objet d'un procès-verbal qui était

(1) Grandmaison, *Cartul. de Saint-Jouin*, p. 49-54.
(2) Gallia Christiana, t. II, col. 1275.

conservé dans les archives de l'évêché. L'inventaire des titres qui existaient à l'archevêché de Bordeaux a été publié par la Société des Archives historiques de la Gironde (t. XXIII). L'archevêque visita le diocèse de Poitiers, du 16 décembre 1304 au 22 juin 1305. C'est à cette occasion qu'il séjourna dans l'abbaye de Saint-Jouin.

Dans ses visites, l'archevêque usait de son droit de procuration. On appelait ainsi le droit en vertu duquel les dignitaires ecclésiastiques, depuis le doyen jusqu'à l'archevêque, pouvaient en tournée loger avec leur suite chez leurs subordonnés. Ce droit était rarement perçu en nature, — les visites étant fort rares, — mais presque toujours en argent. Dans la suite, il fut converti en une taxe annuelle.

Le procès-verbal, n° 149, conservé à l'archevêché de Bordeaux, porte que ledit seigneur archevêque alla à Saint-Jouin-de-Marnes, où il coucha deux nuits avec son train, pour double procuration de l'abbé et du couvent. Il y prêcha et fit d'autres actes de visite. De là, il se rendit au prieuré de Marnes (1).

Guillaume Ier eut à soutenir un procès dispendieux contre Hugues l'Archevêque, seigneur de Parthenay, de Montfort et de Moncontour, qui avait cherché à ressusciter les prétentions des anciens seigneurs de Moncontour condamnés en 1120. Il s'agissait du droit de haute justice et de grande voirie. Hugues l'avait exercé dans le bourg de Saint-Jouin et aux environs, dans ses fiefs et arrière-fiefs, malgré les réclamations des moines, qui invoquaient une possession plusieurs fois séculaire. Le procès fut porté en cour d'église ; mais sans attendre l'issue de ce procès, les deux parties s'en remirent à la décision de deux arbitres : Guy de Bauçay et Jean, sire de Vaucelle, bailli de Touraine. Ceux-ci rendirent leur sentence, le 5 mars 1312, devant

(1) Journal de Loudun, 1893, n° 53.

frère Pierre de Grip, procureur de l'abbaye, et Aimeri
de Moncher, châtelain de la Guerche, procureur de
Hugues l'Archevêque. Elle maintenait les droits anciens
du monastère sur toutes ses possessions situées dans les
fiefs et arrière-fiefs dudit seigneur. Mais l'abbaye avait
à sa charge le remboursement au seigneur des frais du
procès, soit 150 livres (1).

FRANÇOIS, 1312

Son administration n'est signalée par aucun acte nota-
ble. Un des moines de Saint-Jouin était, le 13 mars 1318,
Philippe de la Poitevinière (*Philippus de Pictavineria*).
Nous trouvons ce nom dans les lettres communes de
Jean XXII, à la date indiquée (2).

GUILLAUME II CHABOT, 1321-1340

Cet abbé appartenait à la très illustre maison des
Chabot, établie dans le pays de Thouars. Elle datait
d'avant 1040. Il siégeait, d'après les actes, en 1321 et 1340.

Il vit commencer cette malheureuse guerre de cent
ans qui devait durer de 1337 à 1453 et envahir toutes
nos provinces, et particulièrement le Poitou.

En novembre 1333, Philippe VI de Valois (1328-1350)
donna des lettres de sauvegarde et de protection en
faveur de l'abbaye de Saint-Jouin-de-Marnes (3).

Charles V devait confirmer ces lettres en 1372.

Guillaume de Craon, vicomte de Châteaudun, chambellan du roi, second fils d'Amaury et d'Isabelle de
Sainte-Maure, s'était emparé du moulin de Beugnon,
appartenant au couvent de Saint-Jouin-de-Marnes. Il fut

(1) Grandmaison, *Cartul. de Saint-Jouin*, p. 59.

(2) Registres des Papes publiés par les membres de l'Ecole française de Rome. Lettres communes de Jean XXII, n° 6618

(3) *Archives histor. du Poitou*, t. II, p. 430-432 ; *Recueil des
ordonnances des rois de France*, t. V, p. 610.

poursuivi, en 1346, sur ce chef, au Parlement, par les religieux lésés et par le procureur du roi, ainsi que ses principaux complices, Perrin Setier, Jehan Baudouzeau, Jean Suireau et Aimery de Mesmes. L'affaire traîna en longueur et on ne sait quelle issue lui fut donnée (1).

Guillaume Chabot vit le fils aîné du roi, Jean, duc de Normandie, comte d'Anjou et du Maine, sanctionner par son autorité l'amortissement d'une rente de blé due aux religieux de Saint-Jouin par Jean de Savonnière, écuyer, à cause du moulin à Eyoc, sis en la châtellenie de Montfaucon. Désormais, les religieux ne pourront recevoir autre chose que douze setiers de seille (seigle) (2). L'accord est du mois de mai 1339.

Les armes de Guillaume Chabot étaient : *d'or à trois chabots de gueules posés 2 et 1* ; devise : *Concussus resurgo.*

(1) *Archives histor. du Poitou*, t. XVII, p. 252.
(2) Ibid., t. XIII, p. 154-155.

CHAPITRE VII

L'Ecole monastique d'Ension

ORDONNANCE DE CLÉMENT V. — CONSTITUTION DE BENOIT XII. — UNIVERSITÉ DE PARIS. — UNIVERSITÉ DE POITIERS. — ÉCOLE DE CALLIGRAPHIE.

Il y avait dans les abbayes une école claustrale pour les oblats et les jeunes religieux, qui recevaient des leçons de grammaire, de dialectique et même de théologie. Charles II le Chauve (840-877) fit fleurir les lettres. Après le rétablissement de la paix dans ses états, il prit le soin de rétablir les écoles. Plusieurs furent reconstituées par ce prince, comme à Ension, à Charroux, à Saint-Maixent et à Saint-Savin (1).

Par une bulle du 17 juin 1238, Grégoire IX autorisa l'abbé et le monastère de Saint-Ouen de Rouen à instituer un cours de théologie conformément à l'ancienne coutume. D. Pommeraye (2) croit même que ce cours était aussi bien pour les externes que pour les religieux.

Le pape Clément V ordonna que tous les jeunes religieux bénédictins étudieraient les lettres élémentaires dans leurs propres abbayes (3). Il s'agissait là d'un

(1) Rivet, *Hist. littér. de la France*, t. V, p. 484, 701, etc.

(2) D. Pommeraye, *Hist. de l'abbaye royale de Saint-Ouen de Rouen,* p. 160, 161.

(3) *Bull. de Benoit XII. De Studiis, Bullarium romanum,* édit. de Turin, 1859, t. IV.

ordre de choses déjà existant, mais tombé sans doute en désuétude et qu'il fallait réglementer à nouveau. Quelques années plus tard, Benoît XII, en 1336, reprit et développa l'idée de son prédécesseur Clément V (1).

Le pape ordonne que dans toutes les églises cathédrales desservies par des moines bénédictins, monastères, prieurés et lieux conventuels dont les ressources seront à ce suffisantes, il soit institué un maître qui enseigne la grammaire, la logique et la dialectique ; il est absolument interdit que des séculiers soient instruits dans le cloître avec les religieux.

Si le maître n'est pas un religieux de l'ordre, il a droit néanmoins, chaque jour, au pain, au vin et à la pitance que l'on distribue aux moines. On doit, en outre, lui assigner une pension convenable pour ses vêtements, ses chaussures et son salaire. Cette pension, qui n'excédera pas 20 livres petits tournois, devra être prélevée sur une contribution commune jusqu'à ce qu'un fonds de revenus sûrs et perpétuels soit constitué, pour acquitter cette pension et celle des étudiants qui seront envoyés à l'Université.

Si le maître de grammaire est un religieux, il recevra en plus de sa nourriture et de ses vêtements une somme de 10 livres tournois, pour acheter des livres et pourvoir à ses autres nécessités.

Le temps et le local des classes seront choisis par les supérieurs.

Le nombre des élèves à envoyer aux Universités est basé sur celui des religieux de la communauté ; il sera de un par vingt moines. Le mot de *communauté* comprenait ici les prieurés conventuels soumis aux monastères et qui comptaient eux-mêmes au moins huit religieux. Si le chiffre de vingt était dépassé, mais ne formait pas une seconde vingtaine, les abbés n'étaient pas obligés d'envoyer un second étudiant.

(1) *Bull. Summi magistri* donnée à Avignon, le 20 juin 1336.

Nul religieux n'est autorisé à prendre le degré de maître ou de docteur s'il ne fait préalablement le serment qu'il ne sera dépensé à cette occasion par lui-même ou par ses parents ou amis, soit en festins, soit en vêtements ou autrement, plus de 2.000 tournois d'argent. Les candidats bacheliers devront également jurer qu'à cause de leur baccalauréat ils ne feront ni ne laisseront faire à leurs parents et amis aucune fête ou festin.

« Nous établissons et ordonnons, ajoutait Benoît XII :

1° Que les religieux bénédictins qui auront étudié pendant six ans la théologie à Paris ou dans quelque autre Université, étant instruits des sciences élémentaires et d'ailleurs suffisamment capables, puissent faire des cours d'Ecriture sainte à l'Université de Paris ; 2° que ceux qui auront étudié pendant huit ans la théologie puissent expliquer le livre des Sentences ; et que dans l'Université de Paris et dans n'importe quelle autre où l'on a coutume d'accorder la licence (1) pour la maîtrise en théologie, ils puissent enseigner avec la chape de leur ordre, lesquels auront été trouvés dignes de la maîtrise ou du doctorat en théologie, et aussi du baccalauréat, de la licence, de la maîtrise ou doctorat et enseignement du droit canon et des Décrets ; 3° que ceux qui voudront être choisis pour le baccalauréat ou l'enseignement des Décrétales et qui auront suivi soit à Paris, soit dans une autre Université, le cours de droit canon pendant six ans, dont trois au moins pour les Décrets ; pareillement, que ceux qui voudront être choisis pour la maîtrise en Décret ou pour l'enseignement du Décret à l'Université de Paris et qui auront suivi le cours de droit canon, ou bien, qui étant bacheliers, auront enseigné pendant cinq ans,

____

(1) Les règlements de la Faculté de théologie montrent que le baccalauréat n'était pas à proprement parler un grade, mais un *état*.

ce qu'ils devront d'abord attester par leur propre serment et par celui de deux autres personnes, que ceux-là soient librement admis sans délai ni difficultés malveillantes ni empêchement quelconque, et de même que les autres clercs séculiers ont coutume d'être admis ; nonobstant les statuts et coutumes quelconques des monastères et couvents de l'ordre bénédictin, de l'Université de Paris ou autres à ce contraires, confirmées par serments, approbation apostolique ou autres quelconques, et surtout les statuts par lesquels l'Université de Paris défend : 1° que nul n'enseigne l'Ecriture sainte s'il n'a étudié à Paris pendant dix ans ; 2° que nul n'enseigne les Sentences s'il n'a également étudié pendant dix ans ; 3° que nul moine ou religieux n'enseigne le droit canon, ni qu'il soit élevé à l'état de baccalauréat ou à l'honneur de la maîtrise en Décret ; 4° que nul ne soit autorisé à y enseigner les Décrétales sans la chape rouge ; 5° que nul ne puisse enseigner le droit canon, ni être élevé au baccalauréat ou maîtrise en Décret, s'il n'a pas suivi à Paris ou dans une autre Université le cours de droit canonique pendant cinq ans et celui de droit civil pendant trois ans, ou bien encore le cours de droit civil pendant cinq ans et celui de droit canonique pendant trois ans, ainsi que le portent les statuts de l'Université de Paris (1) ».

La réforme imposée par Benoît XII à l'ordre bénédictin produisit-elle les résultats féconds qu'on pouvait attendre ? Le niveau intellectuel et scientifique s'éleva-t-il sensiblement dans les monastères et en particulier dans celui de Saint-Jouin-de-Marnes ? Nous ne saurions l'affirmer. On était d'ailleurs à la veille de cette funeste guerre de cent ans qui allait paralyser tout à la fois le développement de la vie politique et de la vie religieuse de la France et particulièrement du pays poitevin. On avait autre chose à faire qu'à disserter, il fallait vivre.

(1) Cap. VIII, *De promovendis ad baccalaureatum, magisterium*, etc.

La Faculté la plus fréquentée était celle des arts, qui servait de préparation aux autres. De bonne heure, les maîtres et les écoliers de la Faculté des arts eurent recours à l'association, fondée sur les affinités de langue et d'origine, et se constituèrent en nations distinctes.

Le P. Denifle croit que les nations se sont formées entre 1215 et 1222, en sorte qu'elles seraient contemporaines des Facultés, mais non antérieures, comme l'avait dit du Boulay (1). Ces nations, au nombre de quatre, étaient celle de France, *honoranda natio* ; celle de Picardie, *fidelissima natio* ; celle de Normandie, *veneranda natio*, et celle d'Angleterre, *constantissima natio*, qui devint plus tard la nation d'Allemagne.

De l'école de leur abbaye les étudiants de Saint-Jouin passaient à l'Université pour achever leurs études. Nous pensons qu'ils n'allaient pas à Paris, du moins à partir de 1421, mais à Poitiers, où l'hôtel de la Barbaste, qui appartenait à l'abbaye, devait servir à leur habitation.

On sait que l'Université de Paris fut fondée à la fin du XIIe siècle. « Au commencement du XIIIe siècle, les bulles du pape Innocent III font mention de ses écoles et de ses maîtres en théologie, en décrets et en arts libéraux, qui formaient déjà une puissante corporation, répondant au titre d'Université qui lui est donné par le pontife en 1208, et qu'elle prend officiellement en 1221. Cette corporation universitaire se composait de plusieurs groupes distincts, suivant l'objet de leur enseignement : ce sont les Facultés, comme on les appelle à partir de 1219 ; la Faculté de théologie, *sacratissima facultas* ; la Faculté du décret, *consultissima facultas* ; la Faculté des arts, *prœclara facultas*, et même en dernier lieu la Faculté de médecine, *saluberrima facultas*. En 1231, la bulle de Grégoire IX a consacré leur organisation, et bientôt elles possèdent leurs sceaux, statuts, examens et grades, en sorte qu'en 1274, au plus tard, les quatre

____

(1) Bouquet, *L'ancien collège d'Harcourt*, 1891.

Facultés sont en plein exercice de leurs droits et privilèges. » (1).

Ce n'est que près de deux siècles plus tard, en 1431, que commença l'Université de Poitiers. Il y avait déjà cent ans (1336) que Benoît XII avait réglementé les études dans l'ordre bénédictin.

On sait à quelle occasion avait été créée l'Université de Poitiers. Charles VII avait appelé à Poitiers l'Université de Paris ; le contact de cette ville avec les maîtres et les élèves de l'Université fit naître dans plusieurs le désir de posséder la même institution, si Paris devait rappeler ses Facultés. Le roi entra dans ces vues et favorisa un établissement qui devait donner un nouveau lustre à sa bonne ville de Poitiers. Il sollicita donc cet avantage du pape Eugène IV. On croyait alors que Dieu est le principe de toute science et de tout enseignement. Les Universités distribuaient l'une et l'autre, sous la surveillance de l'église et du pape. Eugène IV donna, en 1431, la bulle d'érection, datée du 29 mai. Le 1er février suivant (1432), une procession solennelle de tout le clergé et de tous les ordres religieux vint inaugurer à la cathédrale l'existence de la nouvelle Université. Une jeunesse nombreuse allait y venir des provinces voisines, pour y trouver un centre de vie intellectuelle, et des hommes illustres devaient sortir de son sein pendant quatre siècles.

L'Université de Toulouse existait déjà et avait ses quatre Facultés de théologie, de décret, des arts et de médecine ; Poitiers eut aussi les siennes. Elles furent présidées par un recteur auquel on adjoignit un chancelier. Les dignitaires, comme ceux des Universités de Paris, de Toulouse, d'Angers, d'Orléans et de Montpellier, furent secondés par deux conservateurs des privilèges royaux et pontificaux, chargés de veiller au maintien des immunités accordées par le roi et par le

---

(1) Bouquet, *L'ancien collège d'Harcourt*, 1891, p. 2.

pape. Ces titres furent donnés au lieutenant général de la sénéchaussée et au doyen du chapitre. Le corps de l'Université eut ses quatre nations : celles de France, d'Aquitaine, de Touraine et du Berry ; elles eurent pour patrons saint Denys, saint Hilaire, saint Martin et saint Guillaume. Les professeurs étaient tous docteurs, comme c'était déjà la règle ailleurs.

L'église Sainte-Opportune était alors une simple chapelle de la paroisse de Saint-Cybard, située sur la rue qui en porte encore le nom. Comme elle était centrale, on la choisit pour la soutenance des thèses de théologie, et elle fut érigée en paroisse, en 1444, par l'évêque de Poitiers, Guillaume de Charpaignes. Le chapelain de Sainte-Opportune, Jean Lambert, fut nommé recteur de l'Université. Peu après, on agrandit l'église Sainte-Opportune, grâce aux libéralités et au crédit de Jean Barbe, ancien maire, en 1439, et alors avocat au présidial de Poitiers (1).

Nous avons trouvé, aux Archives de la Vienne, dans une liasse n° 24, relative à Saint-Jacques de Thouars ou du Roc, deux diplômes conférant des grades universitaires de la Faculté de théologie de Poitiers à des religieux de Saint-Jouin-de-Marnes. Nous verrons plus tard l'école de théologie de cette maison continuer son enseignement et faire soutenir des thèses solennelles à ses élèves, au commencement du XVIIIe siècle.

ÉCOLE DE CALLIGRAPHIE

On a affirmé que l'abbaye de Saint-Jouin-de-Marnes avait eu son école de calligraphie.

Nous n'avons jamais trouvé de documents à l'appui de cette assertion. Mais s'il a existé dans les murs de notre couvent une semblable école, voici ce qu'il faut savoir sur le travail des écrivains.

(1) Auber, *Hist. génér. du Poitou*, t. IX, p. 245-247.

La copie des manuscrits fut de bonne heure une des obligations les plus rigoureuses prescrites aux moines par leur règle. Les grands monastères avaient une salle spéciale consacrée à la transcription des manuscrits, c'était le *scriptorium*. Le *scriptorium* était installé au sein du monastère, mais dans un lieu écarté et tranquille, afin que les copistes pussent se livrer à leur travail, loin du bruit et des distractions. Ils ne devaient rien transcrire sans l'avis du bibliothécaire qui leur fournissait le parchemin et tous les objets nécessaires. Ces prescriptions restèrent en vigueur jusqu'à la découverte de l'imprimerie.

Le *scriptorium*, qui se composait de petites cellules placées au-dessous de la bibliothèque, était regardé comme un endroit presque sacré. On était tenu d'y observer le silence. L'abbé, le prieur, le sous-prieur et le bibliothécaire avaient seuls le droit d'y pénétrer. On recommandait aux copistes une rigoureuse exactitude, de façon à ne pas mettre un mot pour un autre, et de ponctuer avec soin.

Une prière, dont la formule a été retrouvée dans un manuscrit de Saint-Germain-des-Prés, était dite au moment où les écrivains se mettaient à l'œuvre ; elle était destinée à appeler la bénédiction divine sur eux et sur le *scriptorium* :

« Daigne, Seigneur, bénir le *scriptorium* de tes serviteurs et tous ceux qui y sont réunis, afin que ce qu'ils y liront ou copieront des divins livres soit recueilli par leur esprit et se retrouve dans leurs paroles » (1).

Une autre prière, *Benedictio ad libros benedicendos*, demandait à Dieu sa bénédiction pour les manuscrits eux-mêmes :

« Seigneur, que la vertu de ton Esprit-Saint descende sur ces livres et qu'elle les purifie en les corrigeant, qu'elle les bénisse et les sanctifie, qu'elle éclaire les

____

(1) Nouveau traité de diplomatique, t. III, p. 190.

cœurs de tous ceux qui les lisent et leur en donne la vraie intelligence » (1).

La copie des manuscrits dans les couvents eut pendant longtemps pour objet à peu près unique la reproduction des livres saints ; aussi ce travail était-il regardé moins comme un service rendu à la science que comme une œuvre de piété.

Les copistes croyaient même faire œuvre expiatoire; et cette pensée se rencontré fréquemment dans l'explicit des anciens manuscrits.

A certains jours, on priait Dieu pour les écrivains et pour les personnes qui avaient donné des manuscrits à la maison ; on promettait des prières aux bienfaiteurs qui contribuaient à l'accroissement de la bibliothèque.

Suivant une tradition répandue dans les couvents, chaque lettre que traçait un moine lui remettait un péché dans l'autre monde. Ecoutons ce que raconte Orderic Vital :

« Il y avait dans un monastère un religieux qui s'était rendu coupable de nombreuses infractions à la règle de la maison, et il copia une grande partie de l'Ecriture-Sainte. Il mourut et son âme fut conduite au tribunal de Dieu, pour y être jugée. Les mauvais esprits formulaient contre elle de vives accusations et faisaient l'exposé de ses innombrables péchés ; mais, de leur côté, les saints anges montraient le livre que le religieux avait copié et présentaient l'une après l'autre chacune des lettres de l'énorme volume, pour les opposer à chaque péché. A la fin, le nombre des lettres se trouva supérieur d'une seule à celui des péchés, et tous les efforts des démons furent impuissants à faire condamner le moine » (2).

Une autre légende rappelait aux copistes le soin

(1) D. Martène, *De antiquis ecclesiæ ritibus*, édit. 1736, t. II, p. 844.

(2) Order. Vital, *Historia ecclesiastica*, lib. III, cap. III.

qu'ils devaient apporter à copier les textes exactement. Il existait, disait-on naïvement, un démon appelé *Titivilitarius* ou *Titivillus*, le vétilleux, qui apportait tous les matins en enfer un plein sac de lettres que les religieux avaient omises, soit dans leurs copies, soit dans leur psalmodie de la nuit.

Les objets utilisés pour l'écriture étaient nombreux.

Il faut citer d'abord les tablettes enduites de cire ou de plâtre, et sur lesquelles on traçait les caractères au moyen d'un stylet. On peut en voir des spécimens à la Bibliothèque nationale. La corporation « des faiseurs de tablettes à écrire » a ses statuts, dans le *Livre des métiers* (1). On y voit que les substances les plus employées étaient l'ivoire, la corne, le hêtre, le buis, le cèdre, l'ébène et le cyprès.

L'usage du parchemin ou du vélin était beaucoup plus répandu. On teignait les parchemins en pourpre quand on les destinait à recevoir des caractères d'or ou d'argent.

Le plus remarquable spécimen de ces volumes en argent sur vélin pourpre est le psautier de Saint-Germain, conservé à la Bibliothèque nationale, fonds latin, nº 11,947.

Parfois, les feuilles de parchemin, au lieu d'être pliées, et réunies en volume, étaient cousues et roulées, sous forme de rouleau, *rotulus* ou *rotula*. Tel roùleau a 11 mètres de longueur.

Le papier, connu en France dès le xiie siècle, était encore rare sous Charles V. Sur les 973 volumes de la bibliothèque de ce souverain, le papier est au parchemin dans la proportion de 1 sur 28 (2).

La rareté du parchemin donna naissance à certaines époques aux palimpsestes. Avec la pierre ponce ou une

(1) Titre LXVIII, art. 1 et 14.

(2) Barrois, Bibliothèque protypographique, introduction, p. XXXI.

éponge, on effaçait l'écriture qui couvrait une feuille de parchemin, et celle-ci pouvait alors servir de nouveau. Une foule de bons ouvrages ont été ainsi anéantis, pour être remplacés par d'insignifiants écrits.

Gayet de Sansale, savant docteur et bibliothécaire de Sorbonne, affirme qu'un texte des Décrétales est écrit sur peau humaine (1).

Parmi les objets nécessaires aux écrivains, nous devons mentionner l'écritoire, *encrier (atramentarium, incaustum, scriptorium, librarium)*. On le désignait sous le nom de *cornu*, d'où notre nom de *cornet*.

L'encre actuelle date du xiie siècle. L'ancienne était un composé de noir de fumée, de gomme et d'eau. Le cinabre fournissait l'encre rouge.

La règle des Chartreux, au xie siècle, énumère en ces termes les objets que devaient avoir dans leur cellule les moines copistes : « *Ad scribendum vero, scriptorium, pennas* (des plumes), *cretam* (craie), *punices duo* (deux pierres ponces), *cornua duo* (deux cornets), *scalpellum unum* (un canif), *ad radenda pergamina, novacula sive rasoria* (grattoirs), *punctorium unum* (poinçon), *subulam unam, plumbum* (un crayon de plomb, un fil à plomb), *regulam* (une règle), *postem ad regulandum* (une planche à régler), *tabulas* (des tablettes), *graphium* » (2).

Le *scriptionale* représentait une sorte de pupitre que l'on plaçait sur ses genoux pour écrire, et qui plus tard fut supporté par des pieds. Le *scriptionale* primitif se composait de deux tablettes entre lesquelles on serrait le papier ou le parchemin et les plumes ; à l'une de ses extrémités était fixé un encrier de corne facile à boucher. Les écoliers des xiie et xiiie siècles se rendaient à leurs cours avec ce *scriptionale*.

Des mains du copiste, le manuscrit passait dans celles

____

(1) Bibliot. nation., fonds latin, no 16,542.

(2) *Consuetudines P. P. Guigonis*, cap. XXVIII, § 2. Dans les *Consuetudines ordin., Carthusiensis*, t. I, p. 62.

de l'enlumineur qui se chargeait de l'*historier*, c'est-à-dire de remplir les espaces laissés en blanc par le premier aux endroits réservés à une lettre ornée ou à une miniature.

L'art d'enluminer s'appelait *illuminare, babuinare*, d'où le mot *baboue* (1) alors employé pour désigner les étranges figures qui ornaient parfois les marges ou les initiales des manuscrits.

Les ordres mendiants en interdisaient l'usage à leurs sujets, notamment les dominicains. Ainsi faisaient les cisterciens. D'après les *Consuetudines* de l'ordre cistercien, les lettres devaient être d'une seule couleur et sans peintures, « *nient flories* », lisons-nous dans une vieille traduction française des *Consuetudines* (2).

Les enlumineurs laïques mettaient leur talent à très haut prix.

Jusqu'au xiiie siècle, ce qui concernait la vente et la transcription des livres resta presque exclusivement concentré dans les monastères. On venait du dehors se fournir auprès des moines, qui tiraient ainsi du travail de leurs copistes un honorable revenu.

Chaque couvent gardait pour son usage un certain nombre de manuscrits. *Claustrum sine armario quasi catrum sine armomentario* (3). C'est-à-dire, un monastère sans bibliothèque ressemble à une place de guerre sans arsenal.

Au moyen âge, le livre fut très soigné, très aimé. Sa possession était à la fois une joie pour l'esprit et une richesse que l'on transmettait précieusement soit à ses enfants, soit aux écoles, soit aux couvents.

On trouve souvent en tête ou à la fin du manuscrit le

______

(1) **Babouin**, *simiæ facies*.

(2) « *Litteræ unius coloris fiant*, et non *depicte*. (*Consuetudines*, cap. LXXX, ap. Guignard, *Les monuments primitifs de la règle cistercienne*, p. 272.)

(3) D. Martène, *Thesaurus anecdotum*, t. I, p. 511.

nom du copiste et celui du possesseur et des anathèmes
contre ceux qui oseraient dérober un objet aussi sacré.
En 1291, l'église Notre-Dame de Paris avait réuni 97
volumes. En 1290, la Sorbonne en possédait 1017. Sur
un de ces derniers volumes, donné en 1285, à la Sorbonne, on lit l'inscription suivante : *« Istum librum ero-
gavit dominus Simon Vydelin magistris de domo magistri
Roberti de Sorbonia tali conditione quod non vendatur et
remaneat in dicta domo ad usum dictorum magistro-
rum »* (1).

Les moines fabriquaient eux-mêmes leur encre, mais
aucun d'eux ne nous a transmis sa recette pour obtenir
ces encres d'or restées après huit siècles aussi brillantes
que les premiers jours. C'est là un secret depuis longtemps perdu et que la chimie moderne n'a pu retrouver.

Les religieux ne copiaient pas toute espèce de livres :
le droit civil et la médecine, par exemple, leur étaient
interdits (2).

Les livres acquéraient un prix considérable quand ils
avaient passé par les mains de l'enlumineur qui les or-
nait d'initiales en or, d'encadrements, d'armoiries, de
vignettes, de miniatures. Daunou calculait, en 1824,
qu'au xiiie siècle un volume in-folio enrichi de peintures
représentait comme prix « celui des choses qui coûte-
raient aujourd'hui quatre ou cinq cents francs » (3),
ce qui nous paraît une évaluation bien arbitraire, car
la valeur du volume dépendait du nombre des figures
et de la finesse de l'ornementation.

Les enlumineurs avaient plusieurs manières de procéder : tantôt ils dessinaient toutes les figures à la plume,
puis appliquaient les couleurs l'une après l'autre ; tantôt ils s'en tenaient à une sorte de grisaille, de dessin
en hachures. Quelquefois ils employaient le camaïeu,

____

(1) Bibliot. nation., fonds latin, n° 15,730.

(2) Alfred Franklin, *La vie privée d'autrefois*, 1892, p. 93.

(3) *Hist. littér. de la France*, t. XVI, p. 39.

cherchant à obtenir le chatoyant, le moelleux, surtout dans les ouvrages de dévotion. L'œil se repose avec joie sur ces jolies pages d'un aspect si doux et si bien assorti aux prières et aux méditations pieuses qu'elles accompagnent (1).

Les initiales ornées, qui ne se rencontrent d'abord que rarement, prennent faveur au xive siècle, et leur décoration atteint alors les dernières limites de la fantaisie, parfois même de l'extravagance.

On appelait *cadeler* faire des encadrements, des lettres initiales formées d'enlacements. L'encadrement s'appelait *cadeau* (sans doute du mot latin *catena*).

L'écriture est en pleine décadence au xve siècle. Les bénédictins, savants maîtres en cette matière, l'anathématisent en ces termes : « Sans parler de l'encre pâle et jaunâtre qu'on emploie, l'écriture est serrée, compliquée, hérissée de pointes, d'angles, de passes et de crochets non moins ridicules qu'inutiles... Il ne nous reste de ces temps barbares qu'une multitude de manuscrits horriblement laids » (2).

La sentence est peut-être un peu dure. Il faut avouer cependant que l'abus de l'abréviation, les mots réduits à une seule syllabe, souvent à une seule lettre, les signes de convention, tout cela transforma l'écriture en un grimoire fort difficile à lire. Heureusement, on arrivait à l'ère de l'imprimerie.

(1) E. Renan, dans l'*Histoire littéraire de la France*, t. XXIV, p. 726.

(2) *Nouveau traité de diplomatique*, t. III, p. 394.

CHAPITRE VIII

Saint-Jouin-de-Marnes et Moncontour
La guerre de Cent ans

PIERRE II BODIN. — JEAN DE MONTMAJOUR. — CHATEAU DE MONCONTOUR. — DUGUESCLIN. — LIEUX DE REFUGE. — GUILLAUME III. — PIERRE III GADET. — AIMERI DE LA TOUSCHE. — PIERRE IV DE RONCHOUR. — ROBERT II FROTTIER. — PIERRE V DE CLERMONT. — BERNARD II DE FÉLETZ.

PIERRE II BODIN, 1350

Pierre Bodin succéda à Guillaume Chabot.

En 1348, un décret de la cour déclare que le domaine de Saint-Jouin ressortirait à l'avenir de la sénéchaussée de Poitiers et non de Loudun (Chevallier).

Jeanne de Beaussay, dame de Mauléon et d'Oiron, transigea, le 20 décembre 1350, avec les moines de Saint-Jouin, au sujet des fourches patibulaires qu'ils avaient fait élever, et que la vicomtesse avait fait abattre, en prétendant qu'elles étaient dans les limites du bailliage d'Oiron, où elle avait haute, moyenne et basse justice.

Le 13 décembre 1348, Philippe de Valois rendit une ordonnance, pour terminer un différend survenu entre le vicomte de Thouars et l'abbaye de Saint-Jouin, au sujet des droits de justice que ce seigneur pouvait avoir

dans une localité du nom de Voize, dépendant de l'abbaye. Il décida que les droits contestés appartiendraient
au sénéchal de Poitou (1).

Une autre contestation entre l'abbaye et les vicomtes
de Thouars venait de se terminer au profit des religieux.

Au mois d'avril 1350, une transaction définitive règle
avec précision et dans le détail les droits des deux parties. L'abbaye de Saint-Jouin avec son enclos et ce qu'il
renferme, c'est-à-dire la segretenerie, la vigne joignant
aux grands murs, le bois et le pré qui y touchent, les
maisons de l'aumônerie, du prévôt, du chambrier, de
l'infirmier et du cellérier demeureront aux religieux
en franchise. Ils y auront droit de justice haute,
moyenne et basse ressortant de Poitiers, sans inter-
médiaires ; et les vicomtes ne pourront y prétendre
aucun ressort.

L'abbaye jouira des mêmes franchise et juridiction
dans le bourg de Saint-Jouin, à Germon, à Douron, à
Noizé, à Jeu (Pas-de-Jeu) et à Availles. Cependant ils
n'eurent que la basse justice à Jeu et à Availles, sauf
sur leurs maisons et enclos de ces deux dernières
localités.

La haute et moyenne justice ressortira aux vicomtes,
excepté à Saint-Jouin ; mais la basse justice sera
exempte de leur juridiction. Tous les hommes de
l'abbaye et habitants de ses domaines ci-dessus indi-
qués seront exempts du guet et garde au château de
Thouars. Les vicomtes ne pourront leur imposer de
tailles dans les territoires soumis à la juridiction des
religieux. L'acte fut confirmé par arrêt du Parlement,
le 28 avril 1350 (2).

Ces débats n'avaient point altéré les bonnes relations
de Louis Ier, vicomte de Thouars, avec Saint-Jouin.

(1) Grandmaison, *Cartul. de St-Jouin*, p. 60.

(2) Grandmaison, *Cartul. de Saint-Jouin*, p. 63-68; D. Fonténeau,
t. XIII, p. 149.

L'abbé Pierre II Bodin fut admis, en 1350, à souscrire le testament de la vicomtesse Jeanne de Dreux, décédée en 1355 (1).

Dans le mois de juin suivant, Louis de Thouars permit aux religieux de Saint-Jouin d'acquérir, dans ses fiefs et arrière-fiefs, jusqu'à la somme de cent livres de rente annuelle. Enfin, quelques jours après, il leur promit, par lettre scellée de son sceau, de les défendre de tous dommages envers et contre tous, pour les acquisitions qu'ils pourraient faire en vertu de la permission qu'il venait de leur accorder.

L'abbaye n'avait pas trop de toutes ses ressources pour faire face à ses obligations. Le pape Urbain V venait de lui en imposer une, comme aux autres maisons de l'ordre bénédictin. Ce pape avait résolu de rebâtir le fameux monastère du Mont-Cassin. Pour cela, il avait supprimé l'évêché érigé par Jean XXII, en 1319, et il employa aux réparations les revenus de l'abbaye, tant qu'elle demeura vacante ; mais, voyant qu'ils n'étaient pas suffisants, il imposa, en 1368, une dîme sur tous les monastères de l'ordre de saint Benoît, et chargea certains abbés d'en faire le recouvrement. Cette imposition déplut à la plupart des abbés.

JEAN DE MONTMAJOUR, 1363

Prieur de Notre-Dame de Charlieu, il devint abbé de Saint-Jouin, en vertu d'une bulle d'Urbain V donnée en la première année de son pontificat, c'est-à-dire en 1362. Jean de Montmajour paraît encore dans les actes en 1375 et 1383.

En 1367, c'est à la requête de cet abbé que le prieuré de Saint-Louis du Placy ou du Plessis d'Igornais fut uni à celui de Saint-Michel de Chanteloup pour cause d'insuffisance de revenu. Ce petit prieuré dépendait de Saint-Jouin et était sous la juridiction de l'évêque de

____

(1) *Gall. Christ.*, t. II., col 1275.

Maillezais. C'est l'évêque Guy qui prononça cette union, le 13 juillet 1367.

Cette même année voyait l'abbé de Saint-Jouin assister au chapitre général des moines bénédictins qui se tint au monastère de Saint-Augustin de Limoges. Les abbés de Saint-Augustin, de Nanteuil et de Saint-Maixent furent aussi présents à cette réunion. L'abbé de Saint-Maixent était alors Guillaume de Valençay.

Les guerres des Anglais qui désolèrent la contrée, surtout dans la période de 1369 à 1374, furent très dommageables à notre abbaye et durent causer beaucoup d'embarras à Jean de Montmajour.

GUILLAUME III, 1386-1401

PIERRE III GADET, 1402

AIMERI DE LA TOUSCHE, 1409

Cet abbé était de noble extraction et sa famille s'est maintenue en Poitou jusqu'à la fin du xviiie siècle. Les *Affiches du Poitou* en fournissent la preuve.

Le 11 janvier 1778, messire Jean Louis de la Tousche, chevalier, seigneur de Saint-Ustre, la Chaise, Saint-René, etc., ancien capitaine au régiment royal infanterie, décéda en la paroisse de N.-D. de la Chandelière (Poitou) (1)

Au commencement de septembre 1371, les Anglais s'emparent du château de Moncontour (2). Froissart nous a laissé un précis fort complet du siège de cette place, nous allons en lire plus loin les détails, mais il faut bien fixer la date de ce siège. Une inscription tumulaire va nous aider.

(1) *Affiches du Poitou*, 1778, p. 16.

(2) Moncontour a des étymologies diverses parmi les auteurs : *Mons consularis, mons comitis. mons cantoris, mons cum turre. cum torno.* (*Journal de Loudun*, 1891, n° 21.)

Parmi les Français tués en cette rencontre, se trouve le Gallois de Bussy. C'est ce que nous apprend une inscription gravée sur une tombe de l'église Notre-Dame du Château de Loudun. Voici cette inscription :

CY GIST
LE GALLOIS DE BVSSY QVI FVT TVÉ
A L'ASSAVT DE MONCONTOVR
LE ..... SEPT. 1371

Cette inscription est fort intéressante pour l'histoire locale, car elle donne la date presque exacte de la prise de Moncontour par les Anglais. Les historiens l'avaient fixée jusqu'à présent aux derniers jours d'août 1371 (1). C'est une erreur. Ce fait militaire doit être reporté aux premiers jours de septembre (2). Ou plutôt, comme Froissart admet dix jours de siège, il faut dire que l'affaire, commencée en fin d'août, se termina dans les premiers jours de septembre.

Pendant ces faits d'armes, les moines de Saint-Jouin ne furent pas à l'abri des exactions des gens de guerre. Les garnisons anglaise et française qui occupèrent tour à tour le château de Moncontour, couraient et pillaient tous les environs. C'est sans doute ce qui détermina les moines de notre abbaye, victimes de ces agressions, à se fortifier contre les surprises des hommes d'armes. Les travaux de fortification, dont l'église porte encore des traces, durent être entrepris dans le dernier quart du XIVe siècle. Ils furent complétés au siècle suivant.

Nous sommes à une époque d'anarchie et de corruption s'étendant à tous les degrés de l'échelle sociale. Et comme pour introniser la mort sur ces ruines, la mort sans espérance de réveil, des bandes de reîtres étrangers promenaient sur toute la province l'incendie et le

(1) *Arch. hist. du Poitou*, t. XIX, p. XXXII.
(2) *Journal de Loudun*, 9 sept. 1894.

pillage, pendant que des malfaiteurs sans nombre profitaient du désordre général pour semer partout l'épouvante de leurs crimes.

On a donné le nom de *Grandes Compagnies* à des mercenaires qui, pendant la querelle séculaire qui divisa la France et l'Angleterre, louaient tour à tour leurs services au plus offrant des partis en présence. Ces troupes composèrent, à elles seules, la plus grande partie de l'armée royale dans les xiv° et xv° siècles. Ces troupes, difficiles à discipliner et à maintenir dans l'ordre, étaient encore bien plus difficiles à licencier. Le pays va être dévasté pendant plus de deux siècles par de nombreuses guerres, lesquelles « n'estoient pour le temps dès lors plus dures et plus fortes sans comparaison en Poitou que autre part » (1).

Pendant la guerre de Cent ans, les Anglais deviennent maîtres de toute la Guyenne et d'une partie du Poitou. Moncontour, qui commande un des principaux passages du Poitou et marque la limite des possessions françaises et anglaises, est un des objectifs des deux armées. Froissart va nous faire assister à la prise de Moncontour par les Anglais.

« Il se tenoit une grand garnison au châtel de Moncontour, à 4 lieues de Thouars et à 6 de Poitiers, desquels messire Pierre de la Grésille et Jourdain de Couloingne étoient capitaines et souverains. Si couroient presque tous les jours devant Thouars ou devant Poitiers et y faisoient grands contraires ; et moult les restoingnoient ceux du pays, d'autre part à Châtellerault se tenoient Ferlouet le Breton et bien 500 bretons qui trop dommageoient le pays ; et ceux de La Roche-Pozay et ceux de Saint-Savin couroient aussi presque tous les jours et n'osoient les barons et les chevaliers du Poitou qui Anglois se tenoient chevaucher; fors en grand'route, pour le doute des François qui étoient enclos en leur pays » (2).

(1) *Chronique de Jean Froissart,* ch. CCCXXX.

(2) *Ibid.,* ch. CCCXXXI.

Les campagnes, aux environs de Moncontour et de Saint-Jouin, n'ont point de repos. Elles souffrent continuellement des tracasseries et des déprédations que leur infligent amis et ennemis.

On était en août 1371. Les barons et chevaliers Thouarsais et Poitevins qui avaient embrassé la cause du roi d'Angleterre avaient plus à souffrir de la garnison de Moncontour que de toute autre. Ils résolurent de s'emparer de ce château. « Si firent un mandement en la ville de Poitiers, au nom du sénéchal de Poitou, messire Thomas de Percy, auquel commandement obéirent tous chevaliers et écuyers, et furent bien cinq cents lances et deux mille brigands pavoisés, parmi les archers qui étoient là. Là étoient messire Guichard d'Angle, messire Louis de Harcourt, le sire de Parthenay, le sire de Poiane, le sire de Tonnai-Boutonne, le sire de Crupagnac, messire Perceveaux de Couloingne, messire Geoffroy d'Argenton, messire Hugues de Vivone, le sire de Tarste, le sire de Puisame, messire James de Surgères, messire Maubrun de Linières et plusieurs autres, et aussi les chevaliers Anglois qui pour le temps se tenoient en Poitou pour cause d'office ou pour aider à garder le pays, tels que monseigneur Baudoin de Franceville, messire d'Angouse, messire Gauthier Huet, monseigneur Richard de Pontchardin et les autres. Quand ils se furent tous assemblés à Poitiers et ils eurent ordonné leurs besognes, leur arroy et leur charroy, ils s'en partirent à grand exploit et prirent le chemin de Moncontour, tous ordonnés et appareillés, ainsi que pour l'assiéger » (1).

« Le château de Moncontour sied sur les marches d'Anjou et du Poitou, et est malement fort et beau à quatre lieues de Thouars. Tant exploitèrent les dessus dits Poitevins, qui étoient bien en compte 3000 combattants, qu'ils y parvinrent. Si l'assiégèrent et l'environ-

----

(1) *Chronique de J. Froissart*, ch. CCCXXXI

nèrent tout autour. Et avoient fait amener et charrier avec eux grands engins de Thouars et de la cité de Poitiers : si les firent, tantôt qu'ils furent dessus, dresser par devant le châtel de Moncontour, lesquels jetoient nuit et jour, à la dite forteresse. Avec que ce les seigneurs envoyèrent tous les jours assaillir et escarmoucher à ceux dudit fort. Et là ont fait plusieurs grands expertises d'armes ; car avec les Poitevins étoient gens des compagnies qui point ne vouloient séjourner, tels que Jean Cressuelle et David Holgrave. Ces deux avec messire Gauthier Huet en étoient capitaines. Messire Pierre de Grésille et Jourdain de Couloingne qui dedans étoient, se portoient vaillamment et s'envenoient tous les jours combattre eux Anglois à leurs barrières. Entre les assauts qui là furent faits, dont il y en eut plusieurs, au 10ᵉ jour que les Anglois et les Poitevins furent là venus, ils s'avancèrent tellement, et de si grande volonté, et par si bonne ordonnance, que de force ils percèrent les murs du château, et entrèrent dedans et conquirent les François, ils y furent tous morts et occis ceux qui dedans étoient, excepté messires Pierre et Jourdain et 5 ou 6 hommes d'armes que les compagnons prirent à merci. Après cette avenue et cette prise de Moncontour, messire Thomas de Percy, Louis d'Harcourt et Guichard d'Angle, sur l'accord et conseil des autres barons et chevaliers, donnèrent le châtel à Monseigneur Gauthier Huet, à Jean Cressuelle et à David Holgrave, et aux compagnons qui bien étoient cinq cents combattants, pour faire la frontière contre ceux d'Anjou et du Maine, et puis se départirent les seigneurs et se retournèrent chacun en son lieu. » (1).

_ Froissart ajoute que les vainqueurs restaurèrent et fortifièrent la place, qu'ils la gardèrent et grevèrent les environs dans leurs courses journalières. Mais Dugues-

---

(1) *Chronique de Jean Froissart*, ch. CCCXXXII.

clin veillait. Il ne tardera pas à reconquérir Moncontour.

L'importance de la forteresse ne pouvait échapper au connétable Duguesclin. Dès qu'il fut libre de ses mouvements, il vint mettre le siège devant Moncontour, pour l'arracher aux Anglais et le rendre à son maître Charles V. Avec le connétable se trouvaient le duc de Bourbon, le comte d'Alençon, le duc de Clisson, le vicomte de Rohan, le sire de Laval, le sire de Beaumanoir, le sire de Sully et autres barons et chevaliers avec leur suite.

Il apprit bientôt que le Jeannequin Lovet, qui commandait la place, avait pendu la tête en bas, en dehors des murs, un mannequin représentant le connétable. Il prétendait punir ainsi Duguesclin de ce qu'il n'avait pas rempli un engagement pris par lui avec le capitaine anglais au sujet de la rançon promise à jour dit pour le rachat d'un chevalier. A cette nouvelle, Duguesclin reconnut sa dette, mais il ne reconnut pas la légitimité du grief, parce qu'il s'était engagé sur ses biens et que ce recours restait toujours à son adversaire.

« Jamais, s'écria-t-il, je ne mangerai de pain, dormirai dans un lit et me déshabillerai avant d'avoir pris le château de Moncontour et pendu l'Anglais qui m'a si lâchement traité au lieu et place même où il a suspendu le mannequin recouvert de mes armes. »

Il fit combler les fossés du château avec des rameaux et des branches d'arbres. Ses hommes « envoyèrent couper tous les vilains du pays grand'foison de bois et d'arbres et les firent là amener et apporter à force de harnois et de corps et renverser tous ès fossés et jeter grand'foison destrain et de terre sus. »

Le cinquième jour après son arrivée, il donna l'assaut. La lutte dura tout ce jour. Héroïque dans sa résistance, la garnison faiblit sur le soir. Le sixième jour, elle dut capituler. Le connétable accorda la vie sauve aux Anglais, à la condition qu'on lui livrerait Jeannequin

Lovet. Clisson le pendit au lieu même où l'Anglais avait pendu l'effigie de Duguesclin (1).

La place demeura toujours française à partir de ce jour. Ce qui n'empêcha pas les Anglais de venir souvent faire des escarmouches pour la reprendre.

Ils élevèrent dans ce dessein quelques forts de leur façon, car tout le pays, autour de Saint-Jouin et de Moncontour, était alors aux Anglais. Ils y élevèrent la Motte de Saint-Jouin, excellent point d'observation. Par contre, les Français construisirent la butte de Pintailler. La région était alors un véritable coupe-gorge. Ce ne furent partout qu'embuscades et trahisons. Les lieux propres à ces exploits étaient la vallée, très profonde et toute de pierre, qui s'étend entre Borq et Saint-Jouin, vallée que les paysans surnommèrent la *Vallée-Traître*. Les bois qui s'étendaient au bas de la Motte-Saint-Jouin, et qui ne pouvaient être que ceux du Mai et de Douron, furent aussi le théâtre de beaucoup de carnage (2).

Cependant Duguesclin fait le siège de Thouars, et s'en empare, en novembre 1372. Mais les Anglais ne sont pas encore chassés, ils pillent tout le pays, dirigent sans cesse leurs attaques contre Moncontour, rançonnent et font prisonniers les habitants. Airvault, qui essaie de leur résister, se voit gratifié d'une rançon de six livres de rente (3). Les moines de Saint-Jouin s'empressent de fortifier leur abbaye et de construire, au sud et à l'est, au-dessus de leur église, les travaux militaires qui viennent de disparaître, mais dont on a laissé subsister une portion remarquable au-dessus du transept méridional.

L'Anglais était maître de la région, même après la prise du château de Monçontour par les Français. Mon-

<hr>

(1) *Chronique de Jean Froissart*, ch. CCCXXXII et CCCXVIII

(2) Le Frère de Laval. *La vraie et entière histoire des troubles et guerres civiles*, 1584, p. 405-406.

(3) D. **Fonteneau**, t. LXXXIV.

contour et les environs, ainsi que les moines de Saint-
Jouin, subissaient le joug de l'étranger. Ces derniers
témoignèrent-ils beaucoup de zèle pour la dynastie des
conquérants ? Un texte émanant de l'autorité anglaise
le dit expressément. Il s'agit de lettres patentes confir-
matives des concessions faites à l'abbaye par le roi de
France Charles V. De ces faveurs royales, les moines
ont demandé confirmation au roi d'Angleterre, et celui-ci
motive ses concessions à l'égard du moutier de Saint-
Jouin par ces paroles :

« *Nos autem considerantes maximum dilectionis fervorem
quem nobis iidem supplicantes de facto quod plurimum
dicuntur intendisse gravamina incompassiva guerrarum
nostrarum occasione innumerabiliter supportando in tantum
quod nimia egestate de præsenti cogi prospiciuntur.* »

Ces lettres sont d'Edouard III, roi d'Angleterre, et du
prince de Galles, son fils, et sont datées de l'année 1372 (1).
Rien ne prouve que l'abbaye ait manqué à sa fidélité
traditionnelle au roi de France, mais il convenait à
l'envahisseur de l'affirmer, pour justifier ses faveurs.
On voulait aussi par là conquérir la sympathie des
moines. Cette pièce nous fait un triste tableau de l'état
de l'abbaye à cette époque. « A l'occasion de nos guerres,
ils ont eu à supporter d'innombrables pertes, et nous les
voyons à présent en proie à une extrême pauvreté. »
Cela se passait sous l'abbatiat de Jean de Montmajour.

Il était nécessaire d'entrer dans ces détails et de
narrer les faits de guerre se rapportant à Moncontour
et aux environs pour comprendre la situation faite, en
ces temps troublés, à notre monastère, sous les abbatiats
de Pierre Bodin, de Jean de Montmajour, de Guillaume III,
de Pierre Gadet, d'Aimeri de la Tousche, de Pierre de
Ronchoux, de Robert Frottier et de Pierre de Clermont.

C'est sans doute à cette époque qu'une des tourelles

____

(1) *Ordonnance des rois de France*, t. V, p. 610.

de la façade de l'église perdit son clocheton. Les Anglais montrèrent ainsi leur emprise sur la région.

Plusieurs croix érigées sur la route de Saint-Jouin à Moncontour ont monumenté, d'après la tradition, des engagements meurtriers entre Français et Anglais : de là les noms qui existent encore de *Croix des Anglais* et de *Chemin des Anglais*.

C'est le lieu de parler du *droit d'asile* réservé aux églises et aux croix du chemin. Encore respecté au xive siècle, il l'avait été surtout dans les trois siècles précédents.

Il fut un temps où il y avait en France presque autant de juridictions qu'il y avait d'hommes assez puissants et assez hardis pour s'attribuer celle qui convenait le mieux à leurs passions ou à leurs intérêts. Ils devenaient par cela même souvent les coupables et les accusateurs et toujours les juges. Vous voyez dès lors ce que pouvait être la justice et quelles garanties pouvait espérer même l'innocence en présence de ceux qui s'étaient faits juges et parties.

L'Eglise seule ose se lever contre cet odieux abus de la force. A la violence elle oppose le droit, ou pour dire plus vrai, la force morale. Elle ouvrit ses temples et ses monastères et elle proclama que ceux qui viendraient s'y réfugier y trouveraient un asile inviolable.

L'enceinte d'une église ou d'une abbaye était bien étroite pour le suppliant de la croix ; elle traça autour de l'édifice une certaine étendue de terrain qui devait jouir du privilège même de l'intérieur et planta sur l'extrême limite de l'enclos des croix qui dénonçaient à la partie adverse que là expiraient tous ses droits et que l'hôte de l'Eglise y devait demeurer libre et respecté.

Il ne faut pas croire que l'Eglise se faisait pour cela l'aveugle protectrice de tous ceux qui venaient implorer son appui. Elle ne voulait qu'une chose : l'amendement du coupable et une peine proportionnée à la faute. Aussi entrait-elle volontiers en composition avec les réclamants et cédait-elle à leurs demandes, mais à deux conditions : que le suppliant aurait la vie sauve et qu'il n'aurait à subir aucune mutilation, et encore rejetait-elle toute proposition de la partie adverse si le suppliant déclarait préférer la justice ecclésiastique à la justice « laye », comme on disait alors.

Ce droit de protection, dont on trouve des traces dans le code théodosien, fut connu sous le nom de *droit d'asile* jusque dans le xve siècle, c'est-à-dire jusqu'au moment où fonctionna une justice régulière.

Mais il ne put suffire au zèle tutélaire de la puissance qui l'avait sinon créé, au moins élevé aussi haut que la voix de la conscience. L'enceinte d'une église ou d'un monastère ne se trouve que sur un point d'une paroisse ; l'oppresseur et l'accusé pourront se rencontrer sur tous les autres. De là, protection insuffisante, si on la circonscrivait à un espace assez rétréci, et nécessité de l'étendre partout où elle pourrait devenir efficace et porter ses fruits.

Que fit l'Eglise pour répondre à ce besoin, et protéger la faiblesse, en obtenant pour le coupable de meilleures conditions ? Elle déclara que la croix, partout où elle serait plantée, serait considérée comme l'extension de l'édifice qui, jusque-là, avait seul joui du droit d'asile. Il résultait de cette simple extension que toute croix élevée, n'importe où et comment, participait aux mêmes privilèges que l'église ou le monastère dont elle était devenue comme une partie complémentaire. C'est ce qui ressort évidemment d'un canon du concile de Clermont, tenu en 1095. On y lit, en effet : « Si quelqu'un, poursuivi par ses ennemis, se réfugie sous une croix plantée sur le chemin, qu'il reste libre comme dans l'église même. »

A partir du moment où l'accusé était parvenu à *saisir une croix de refuge*, il avait devant lui neuf jours entiers pendant lesquels il restait inviolable. Pendant ces neuf jours de répit, il avait à examiner s'il lui convenait

mieux de se rendre à la merci de la « justice laye » ou
de forjurer le pays, c'est-à-dire de s'exiler en dehors de
toutes les terres relevant de la juridiction du comte de
Poitiers.

En forjurant, il était assuré d'avoir la vie sauve et
d'être exempt de toute mutilation corporelle : deux
avantages assez considérables pour qu'ils fussent toujours préférés aux risques de la procédure des tribunaux
de la justice ordinaire.

Lorsque le prisonnier avait accepté le « forjurement »,
c'est-à-dire le serment de s'exiler pour toujours, les
gardes prévenaient les gens d'église : l'évêque, l'official
ou doyen du lieu, afin que « le forjurement » se fît en
leur présence, et « ils avaient accoustumé d'y venir
toujours. » On appelait aussi quatre chevaliers, qui
pourraient, si besoin en était, témoigner que les choses
s'étaient passées régulièrement. Pourquoi cette preuve
orale préférée à l'autorité d'un procès-verbal ?

Tous les témoins réunis, voici la scène imposante qui
se passait en Normandie : « Le malfaiteur, ung pié sur
le lieu saint et l'autre sur le dehors, tendoit ses mains
sur les saints évangiles et juroit qu'il partiroit de la
Normandie et que jamais n'y reviendroit ; qu'il ne
feroit mal au pays ni aux gens qui y sont, pour chose
qui soit passée ; qu'il ne les feroit grever ni greveroit,
et mal ne leur feroit par soy ne par autre en aucune
manière »

Le serment donnë et reçu, le malfaiteur ou réputé tel,
désignait le lieu où il avait l'intention de se rendre. Sur
cette déclaration, on supputait le nombre de journées
qu'il fallait pour y parvenir ; ces journées étaient calcu-
lées « selon sa force et selon la grande quantité et longueur de la voye ». Il ne devait s'arrêter qu'une nuit
dans chaque ville, « sauf grand deffault de santé sans
retourner, jamais en arrière, mais allant toujours en
avant et suivant le chemin royal, sans issir ni de nuyt
ni de jour, si ce n'étoit par le congé de la justice. » Le

chemin royal était choisi de préférence pour que le forbannissement fût plus notoire et aussi sans doute pour que la surveillance fût plus facile.

Cela fait, on se mettait en marche. L'escorte était composée d'hommes représentant la justice laye et la justice ecclésiastique. « Les deux justices s'y trouvaient pour garder chacune son droit et afin qu'on ne fît tort au prisonnier et qu'on ne luy donnast aucun empeschement ». A chaque doyenné, l'escorte se renouvelait, de telle sorte que ceux du premier doyenné, où le forjurement avait été fait, s'en retournaient chez eux, et ainsi, de doyenné en doyenné, jusqu'à tant que le prisonnier fût hors de la province.

Ce qui ne peut manquer d'étonner, c'est que le même privilège appartenait à toute croix élevée non pas seulement sur le domaine public, mais sur toute propriété particulière, qui par cela seul était déclarée à l'abri de tout envahissement et pillage. C'est du moins ce qu'autorise à croire un rescrit de Calixte II, adressé en 1120 au chantre de l'église de Mâcon : « Nous défendons absolument tout envahissement et tout pillage dans les limites marquées par des croix, selon la coutume du pays » (1).

Là se trouve la véritable raison de l'érection de tant de croix autour de Saint-Jouin-de-Marnes, et en général autour de tous les domaines qui aspiraient à faire respecter leurs immunités et leurs franchises.

Comment la révolution, qui proclamait si haut l'affranchissement de la terre et de l'homme, a-t-elle si peu respecté la croix, nos croix des grands chemins, signe sacré de franchise et de liberté ? Ces aberrations de l'esprit humain se constatent, se déplorent, mais elles ne s'expliquent pas. Une seule chose s'explique, c'est le triomphe du « Lion de Juda », qui a écrasé les profanateurs dans leur éphémère triomphe (2).

____

(1) Coutume de Normandie, dans Du Cange.

(2) Adam, *Etude sur la ville de Valognes*, 1912, p. 313, etc.

PIERRE IV DE RONCHOUR
ou mieux DE RONCHOUX (1)

Il était abbé en 1420, quand il entreprit d'exempter ses vassaux de Pas-de-Jeu et d'Availles du droit de guet et de garde au château de Thouars. Ce droit, imposé par les coutumes aux habitants de la vicomté, était devenu une charge fort lourde pendant cette période des guerres des Anglais. Les habitants des terres de Saint-Jouin-de-Marnes en avaient été affranchis par la transaction de 1350. Pierre d'Amboise, vicomte de Thouars, voulait étendre cette sujétion aux gens de Pas-de-Jeu et d'Availles. L'abbé Pierre IV de Ronchour soutenait l'exemption de ses sujets. Il porta l'affaire au Parlement séant à Poitiers. Cinq commissaires de la Cour, Jean de Vaily, président, Guillaume Guérin, Barthélemy Hamelin, Jean Gencian, conseillers, et Guillaume le Tur, avocat du roi, furent chargés de juger la cause ; ils se prononcèrent en faveur de l'abbaye, et déclarèrent, le 20 février 1421, que les habitants des deux paroisses susdites étaient compris dans l'exemption générale accordée à l'abbaye par la transaction de 1350 (2).

L'abbé Pierre de Ronchour étant mort le 20 novembre 1422, les religieux de Saint-Jouin-de-Marnes se réunirent, sous la présidence du prieur claustral, dans le chœur de leur église, le 10 décembre suivant, pour procéder à l'élection de son successeur. On se demande pourquoi le chœur avait été choisi en cette circonstance, au lieu de la salle capitulaire ordinairement affectée à cet usage. La salle capitulaire était sans doute un des lieux réguliers du monastère qui avaient souffert par

---

(1) B. Ledain donne Ronchour. Nous croyons qu'il faut lire : Ronchoux. Il y avait un fief de ce nom en Touraine. On trouve encore des Ronchoux en Auvergne.

(2) Grandmaison, *Cartul. de Saint-Jouin*, p. 77.

suite des désastres de la guerre et que Bernard de Feletz devait s'appliquer à restaurer à grands frais.

Le choix de l'assemblée se porta sur un moine étranger à l'abbaye, Robert Frottier, prieur de Saint-Romain de Châtellerault, qui relevait de Saint-Cyprien de Poitiers.

ROBERT II FROTTIER, 1422-1443

L'élection de Robert Frottier fut confirmée, le 20 décembre 1422, par le célèbre cardinal Simon de Cramaud, évêque de Poitiers (1).

Le nouvel élu appartenait à l'antique famille des Frottier de la Messelière, encore existantè, et dont un membre avait été évêque de Poitiers au xe siècle. Cette famille honore depuis longtemps le nobiliaire de cette province. Il y a eu un grand écuyer de France de ce nom dont elle descend sans lacune et sans contestation. Elle a possédé les marquisats du Blanc et de Preuilly, la vicomté de Gençais et autres terres considérables. Elle a contracté les plus grandes alliances. Elle était déjà alliée par elle-même à l'illustre maison de Rochechouart avant l'alliance plus récente qui lui a donné la terre de Vivonne. Il y a eu alliance des Frottier avec les vicomtes d'Aubusson de la Feuillade, comme avec les d'Amboise. C'est un d'Amboise qui a bâti le château de Cercigny, qui a passé par alliance aux Rochechouart et aux Frottier (2).

L'abbé Robert sentit le besoin de travailler à l'augmentation des fortifications de son monastère. La guerre contre les Anglais, compliquée de luttes intestines dont le Poitou était alors particulièrement le théâtre, rendait ces précautions de plus en plus nécessaires. Il fallait être en mesure, non seulement de sauvegarder les

(1) Grandmaison, *Cartul. de Saint-Jouin*, p. 79.
(2) *Affiches du Poitou*, 1778, p. 200.

précieuses reliques et le trésor de Saint-Jouin, mais encore d'offrir un asile aux vassaux de l'abbaye dans un danger pressant.

La création d'un grand fossé était, paraît-il, indispensable pour défendre un des côtés de l'abbaye. Mais il y avait là un chemin public qui s'y opposait. L'abbé demanda au roi Charles VII la permission de convertir ce chemin en fossé, à la charge de fournir le terrain nécessaire pour l'établissement d'une nouvelle voie, sur le bord de la douve. Le roi, par mandement au sénéchal de Poitou, daté de Poitiers, le 3 juin 1427, accorda cette autorisation.

Robert Frottier mourut en 1443, laissant à ses successeurs le soin de refaire peu à peu, à force de démarches près de l'autorité royale, ce qu'avaient détruit tant de commotions et de guerres passées.

Les armes de Robert Frottier étaient : *d'argent au pal de gueules accosté de dix losanges de même posés, 2. 2 et 1 de chaque côté.*

PIERRE V DE CLERMONT, 1444-1447

était docteur en droit et bachelier en théologie. Après avoir rempli la charge de prieur à Clisson, il fut pourvu de l'abbaye de Saint-Jouin, en l'année 1444. On constate, en effet, la vacance du siège abbatial en cette année. Il ne gouverna l'abbaye que trois ans environ (1). Trop souvent, à ces minces détails, se réduit l'histoire de l'abbaye. Notre abbé n'était pas de la famille des Clermont-Tonnerre. Il pouvait être de celle des Clermont de Piles, en Périgord. Alors il aurait eu pour armes : *d'azur au soleil d'or.*

(1) Bibliot. nation., fonds latin, 12677, fol. 80.

BERNARD II DE FÉLETZ ou DE SÉLETZ
ou DE PHELERZ, 1447-1467

qui succéda à Pierre de Clermont vers 1447, entreprit la restauration des bâtiments du monastère, gravement atteints par la vétusté et les calamités de la guerre. L'église, le dortoir, le réfectoire, le cloître et la salle capitulaire étaient très délabrés. Il aurait fallu, dit le préambule d'un mandement royal de 1460, une somme de quarante mille écus pour les remettre en état. Bernard de Féletz entreprit le plus pressé. Il fit pour dix mille écus de réparations tant dans l'église que dans les autres édifices de l'abbaye. Ces travaux, parmi lesquels il faut ranger, d'une manière à peu près certaine, la reconstruction des deux tiers de la voûte de la grande nef et de celle du chœur, furent exécutés vers 1450 (1). Un des médaillons de la voûte de la nef, près du chœur, pourrait donner une date assez précise. Il porte les armoiries d'un abbé : L'écu est traversé par une bande diagonale et surmonté d'une crosse.

En 1446, il y eut des procédures entre Isabeau Bernard, maîtresse-école de l'abbaye de Sainte-Croix de Poitiers, et Bernard de Phelerz, abbé de Saint-Jouin-de-Marnes (2).

Les moines d'Airvault, résidant à Irais, étaient loin de répandre autour d'eux l'édification, en 1454, au temps de Bernard de Féletz. Ces religieux, nommés Jean Parent et Maillard, avaient entretenu des rapports peu honorables avec la femme de Merry Georget, du bourg d'Irais. Cette femme, jeune et coquette, s'était laissée séduire par des moines indignes de leur profession. La paroisse d'Irais alla en procession à Saint-

(1) D. Fonteneau, t. LXIII, *Mandement de Charles VII à la Chambre des Comptes du 5 novembre 1460*.

(2). Archives départementales de la Vienne, série H. *Abbaye de Sainte-Croix*, 1446, 30 août. Parchemin avec exploit.

Jouin-de-Marnes. Merry Georget passa une partie de la journée à jouer, sans se préoccuper de sa femme. Celle-ci fut trouvée par lui, dans la soirée, accompagnée des religieux d'Irais. A cette vue, il conçut une violente colère contre sa femme. De là une rixe dans laquelle succomba Jean Parent. Merry Georget obtint des lettres de rémission, en 1454, pour ce meurtre. Les circonstances atténuantes plaidaient en sa faveur (1).

Bernard de Féletz ne songea pas seulement à l'abbaye. Il voulut rendre au bourg de Saint-Jouin son ancienne prospérité, y faire fleurir le commerce et en augmenter la population. Ce bourg avait eu beaucoup à souffrir des malheurs qui avaient signalé le commencement du règne de Charles VII. Beaucoup d'habitants l'avaient abandonné ; tout commerce y avait cessé, et les cultivateurs ne trouvaient à écouler leurs produits qu'en les transportant, à grand frais, dans les foires et marchés des villes ou bourgs plus ou moins éloignés. Les victoires de Charles VII ayant ramené la paix et la sécurité, l'abbé de Saint-Jouin comprit que l'institution de plusieurs foires et marchés rendrait la vie et la prospérité à cette contrée, naturellement fertile en blé et en vin.

. De la lettre du roi Charles VII par laquelle il enjoint au sénéchal de Poitou de faire une enquête sur la convenance qu'il y aurait à établir foires et marchés à Saint-Jouin (20 novembre 1450), nous extrayons ce passage : « La dite abbaye de Saint-Jouin est situèe et assise en païs fertile de plusieurs labeurs, biens et norritures, qui y viennent et croissent par chacun an, tant blez, vins et bestail que autres biens » (2). La conclusion de cette enquête fut favorable à l'abbé de Saint-Jouin.

Il eut le bonheur d'obtenir du roi, le 12 novembre 1450, la création d'un marché tous les samedis et de deux

---

(1) *Archives histor. du Poitou*, t. XXXII, p. 362.

(2) Grandmaison, *Cartulaire de Saint-Jouin.*

foires annuelles, le 1er juin, fête de saint Jouin, et le 24 octobre, fête de saint Martin de Vertou. Les deux foires coïncidaient avec les pèlerinages qui attiraient, ces jours-là, une grande foule près des tombeaux vénérés des deux patrons de l'abbaye.

Le même abbé obtint encore du roi, le 22 mars 1458, deux nouvelles foires le 22 août, octave de Notre-Dame, et le 24 février, fête de saint Mathias.

Mais le généreux abbé n'avait pas compté avec l'égoïsme des seigneurs du voisinage. Louis Chabot, seigneur de la Grève et de Moncontour, et d'autres seigneurs des environs se virent atteints dans leurs intérêts par ces réunions commerciales, source de bien-être pour Saint-Jouin, et ils mirent tout en œuvre pour les entraver ou les faire supprimer. Ils firent opposition devant la Chambre des Comptes et réussirent, le 22 août 1460, à obtenir des lettres royales en vertu desquelles le bailli de Touraine interdit les marchés de Saint-Jouin. Mais, grâce au crédit de l'abbé, le roi confirma ses anciennes lettres d'octroi, et le 5 septembre 1460, il en ordonna la vérification à la Chambre des Comptes (1).

Ce n'était pas sans péril que l'abbé de Saint-Jouin avait pu triompher de l'opposition de ses adversaires. Ceux-ci n'avaient pas craint d'employer la violence pour troubler ou empêcher les nouvelles foires. Toutefois, leurs efforts se brisèrent contre la puissante intervention de l'abbé, protecteur naturel de ses vassaux.

Le digne abbé n'était pas moins écouté de ses supérieurs ecclésiastiques que de la cour. Il obtint, en effet, en 1456, pour lui et ses successeurs, le privilège de la crosse, de la mitre et des autres insignes pontificaux, avec pouvoir de donner la bénédiction pontificale dans toutes les églises dépendant de l'abbaye (2). Il obtint

(1) D. Fonteneau, t. LXIII.

(2) Grandmaison, *Cartul. de Saint-Jouin*, p. 84-86.

cette faveur du cardinal d'Avignon, Alain, légat du pape en France.

Bernard de Féletz, homme d'ordre et d'initiative, sentit le besoin, à la suite de la guerre de Cent ans, de faire confirmer par l'autorité du pape Pie II la possession des biens de son abbaye. Il obtint à cet effet, en 1459, une bulle pontificale, dont nous trouvons la copie dans D. Fonteneau (1). Le vidimus de cette bulle est du 27 décembre 1506.

Bernard de Féletz portait : *d'argent au lion de gueules couronné du même avec une bordure d'azur chargée de 8 besans d'or*.

Un moine de Saint-Jouin-de-Marnes, d'une illustre extraction, Pierre d'Amboise, fut élu abbé en 1467 au plus tard, en remplacement de Bernard de Féletz. Il allait continuer l'œuvre de restauration entreprise par ses prédécesseurs. Mais avec lui aussi allait commencer pour Saint-Jouin-de-Marnes le régime néfaste de la commende.

(1) T. LXIII, fol. 863 ; *Bibl. nation., fonds latin*, 12677, fol. 78.

CHAPITRE IX

Les premiers abbés commendataires

PIERRE VI D'AMBOISE. — LA COMMENDE. — PIERRE D'AMBOISE,
ÉVÊQUE DE POITIERS. — JEAN OLIVIER, ÉVÊQUE D'ANGERS.
— ÉTIENNE DU MESNIL. — AIMERI GOUFFIER DE BOISY. —
PAYEN LE SUEUR D'ESQUETOT. — MARTEL DE BACQUEVILLE.
— CHARLES DE BOURBON-VENDOME.

L'innovation la plus considérable amenée par le concordat, conclu en 1516 entre Léon X et François Ier, fut
la suppression des élections canoniques.

Agissant en vertu de sa suprême autorité, le pape
ordonne que le chapitre et les monastères seront déposs-
sédés à l'avenir du droit d'élection ; il statue que le roi
de France aura, pour toujours, le droit de désigner ou
de nommer les évêques, les métropolitains et les hauts
dignitaires ecclésiastiques dans un délai de six mois ;
il appartiendra au pape de ratifier ces nominations
et de pourvoir à l'institution canonique, en donnant les
pouvoirs spirituels. Le sujet désigné pour un évêché
devra être muni du grade de docteur ou de licencié en
théologie ; les mêmes titres, dans l'un et l'autre droit,
ou même dans un seul, pourrait à la rigueur servir de
garantie suffisante. Le sujet ne pourra être investi d'une
telle dignité, quel que soit d'ailleurs son mérite, s'il n'a
au moins vingt-six ans révolus. Si le monarque ne pour-
voyait pas à la vacance dans le délai prescrit, ou si la
nomination n'obtenait pas l'adhésion pontificale, trois
mois seraient encore donnés au roi pour exercer ses
droits ; dans le cas où ce terme serait atteint sans pro-

motion, le pape rentrerait dans la plénitude des siens et pourvoirait directement à la vacance.

Les anciennes élections avaient amené des abus, le système des nominations royales ne pouvait manquer d'avoir les siens. Disposer souverainement de la feuille des bénéfices, c'était avoir en main un puissant moyen d'action politique dont l'usage pouvait devenir aisément dangereux.

L'un des résultats les plus regrettables de ce système de nominations, fut la mise en commende des abbayes, puisqu'il aboutit immédiatement à mettre à la tête des communautés des prélats qui ne pourraient résider, et par là même, demeuraient le plus souvent étrangers aux vrais intérêts de leurs religieux. Dans les temps troublés, ou sous des rois peu scrupuleux, on verra des enfants de dix ans, des soudards, des huguenots mêmes, nommés abbés commendataires.

La commende, cette institution que les hommes introduisirent dans l'Eglise, est aussi vieille que l'institut monastique lui-même. Primitivement, la commende consistait dans la simple garde d'une église confiée à un clerc séculier, puis, plus tard seulement, dans la perception des revenus temporels octroyés par l'autorité pontificale à un personnage, à raison de ses qualités ou des services personnels qu'il avait rendus à l'église.

Comprimée au moyen âge, elle finit par devenir la règle de la transmission des bénéfices, à partir du xviᵉ siècle, lorsque le concordat de Bologne eut remis entre les mains du roi la nomination aux évêchés, aux abbayes et grands prieurés du royaume. La commende fut pour le clergé séculier la source de bien des misères, de bien des abaissements; elle fut pour le clergé des monastères le venin qui empoisonna toute vie régulière et la fit mourir.

« Elle porta, dit Montalembert, une atteinte profonde aux institutions régulières, et là, où le protestantisme n'avait pas réussi à les abattre violemment, elle leur inocula un poison honteux et mortel. »

Les abbés commendataires, selon le dictionnaire de Durand de Maillane, étaient des séculiers auxquels on donnait une abbaye régulière avec dispense de régularité. En prenant possession de leurs églises abbatiales, ils baisaient l'autel, touchaient les livres et les ornements et prenaient séance au chœur en la première place.

Ils exerçaient les fonctions de la juridiction spirituelle, mais ils ne connaissaient pas de la discipline intérieure de la maison : cette connaissance était laissée par eux au prieur claustral.

Tant que les abbayes, dont chacune était un seul corps indivisible, furent régies par des abbés réguliers, ils en percevaient tous les revenus et en disposaient en bons pères de famille, tant pour la nourriture et entretien de leurs religieux que pour la célébration de l'office divin, acquit des fondations, réparations de l'église et des bâtiments, aumônes, etc. C'était l'âge d'or de l'institut monastique. La commende, par l'introduction de pasteurs étrangers, ruina ce bel ordre. Les abbés commendataires attentifs à percevoir les revenus, n'en laissaient que la plus faible portion pour l'entretien des religieux, les charges claustrales, les réparations et les aumônes,

De là tant de procès immenses et ruineux entre le chef et les membres pour régler quelle serait la portion alimentaire de ces derniers. Telle fut l'origine des lots établis entre les abbés et les religieux. Le lot de l'abbé fut appelé la *mense abbatiale,* et le lot des religieux *mense conventuelle :* « C'est, dit énergiquement Jean de Thoulouse, le règne des corbeaux qui commence. »

Il est vrai que Dieu permit que l'on donnât au fisc ce qu'on lui ôtait, en permettant les taxes, les décimes et autres charges très lourdes et très souvent réclamées par la cour. *« Hoc tollit fiscus quod non accipit Christus. »* (1)

Le premier abbé commendataire de notre abbaye fut

(1) D. Thieulin, *Chronologie des abbés réguliers et commend. de la T. S. Trinité de Mauléon.* (Bibliothèque de Sainte-Geneviève, n° 1897.)

donc un religieux de la maison, nommé Pierre d'Amboise et frère du cardinal Georges d'Amboise, ministre de Louis XII, et de Jacques d'Amboise, évêque de Clermont.

Il était fils de Pierre, seigneur de Chaumont-sur-Loire, etc., conseiller, chambellan des rois Charles VII et Louis XI, et d'Anne de Bueil.

Pierre d'Amboise s'était fait moine bénédictin au monastère de Saint-Jouin. Sa sœur, Madeleine d'Amboise, le quatorzième enfant de Pierre d'Amboise et de Anne de Bueil, avait aussi embrassé la vie religieuse. M. de Chergé, dans ses *Vies des saints du Poitou*, nous a conservé le portrait de cette femme illustre. Au bas de cette ancienne gravure étaient gravés ces mots : « Portrait de la vénérable mère de Thouars, abbesse du monastère de Sainte-Marie de Charenton, réformatrice des religieuses bénédictines de Chezal-Benoit, en 1520. »

De simple moine de l'abbaye de Saint-Jouin, Pierre d'Amboise devint, par le suffrage de ses frères, abbé de cette maison en 1467. En 1473, il passa un concordat, au nom de son monastère, avec Pierre III, abbé d'Airvault, et Jean Gallinelli, chapelain de Notre-Dame de la Galenie, fondée dans l'église de cette abbaye (1).

Pierre d'Amboise s'employa à rétablir les lieux réguliers et les églises de son couvent, qui, ayant manqué depuis longtemps des réparations les plus urgentes, tombaient en ruine. Pour faire face à ces lourdes dépenses il fut obligé d'avoir recours à une imposition volontaire sur tous les domaines de Saint-Jouin. Les moines, réunis au chapitre général de Saint-Martin-de-Vertou, le 24 octobre 1476, taxèrent tous les prieurés et dignitaires d'une contribution globale de 1.200 livres, répartie proportionnellement et payable en quatre annuités, dans le but spécial de rebâtir le vieux cloître qui tombait en ruines (2). Peut-être même le prélat, dont le patrimoine

(1) *Gallia christiania*, t. II, col. 1390.

(2) D. Fonteneau, t. LXIII.

était considérable, autant que le crédit de sa famille,
contribua-t-il de sa fortune personnelle à ces améliora-
tions.

Le couvent de Vertou fut taxé à 24 livres, les autres
taxes ne dépassaient pas 16 livres, plusieurs comme à
la Chaussée, à Saint-Paul ou à Pareds, à Chanteloup,
descendaient à deux livres.

En 1476, le chapitre se tint au couvent de Vertou, et
là fut établie une taxe de 100 livres qu'auraient à fournir
les prieurés dépendants de Saint-Jouin, pour la restauration du cloître. Cette taxe générale fut ainsi répartie
par Pierre d'Amboise :

	l.	s.	d.
La prévôté de Vertou	24		
Saint-Georges	14		
Pirmil .... }	13 / 15	10	
Saint-Nicolas-de-Prigny	6		
Maulévrier.....................	10		
Saint-Gilles-d'Argenton	6		
La Fustaye	7		
Saint-Jouin-de-Mauléon	7		
Montfaucon	6		
Vihiers	5		
Saint-Gervais	5		
Saint-Jouin-de-Montaigu .... }	4 / 3	»	10
Saint-Pierre-de-Vertou.............	4		
Notre-Dame-de-Battereau..........	9		
Saint-Jacques-de-Clisson	3	10	
Saint-Crépin	4		
Saint-Fulgent	4		
Tiffauges....................	4		
Moncontour....................	4	10	
Gesté.....................	4	10	
Le Fief-Sauvain	5		
Les Cerqueux-de-Maulévrier..........	3	10	

	l.	s.	d.
Le Boupère	4		
Saint-Paul-en-Pareds	2	15	
Saint-André-sur-Sèvre	4	10	
Cerisay	4		
Bressuire	4 / 3	60	
Saint-Nicolas-de-Thouars	3		
Sainte-Verge	5		
Saint-Généroux	4	10	
Rochefaton	3	10	
Chalandray	4 / 3	10	
Faye-la-Vineuse	3 / 2		
Chanteloup	2		
La Chaussée	1		
Saint-Méru	2		
Saint-Etienne-du-Palet	3		
Château-Thibaud	3		
La Blouère	2		
Ernée	2	10	
La Pommeraie	10 / 4		
Saint-Jacques-de-l'Habit	3	10	
Sainte-Radegonde-de-Goulène	3 / 1	10	
Saint-Cassien	3		
Prieur claustral	1		
La sacristie	5	18	4
L'aumônier	2		
Le sous-prieur	1		
Le chantre	1	2	8
L'armayer	2		
Le prieur de Vertou	3		
La sacristie de Vertou	4		
Le chantre de Vertou	4		

l.   s.   d.

Le prieur claustral de Saint-Georges..   7   10

La chapelle Sainte-Marguerite   1

Le tableau des taxes établies à Vertou est loin d'atteindre la somme de 1.200 livres qui fut fixée par Pierre d'Amboise. Peut-être n'est-il qu'un fragment du tableau général. Le reste aura péri sous l'action du temps *(tempus edax)* qui ronge tout. Peut-être faut-il admettre que les autres taxes furent arrêtées jusqu'à concurrence de 1.200 livres dans d'autres assemblées que celle de Saint-Martin-de-Vertou. D. Fonteneau ne nous a conservé que le souvenir de celle-ci, mais il n'exclut pas les autres.

Pierre d'Amboise, nommé à l'évêché de Poitiers, en 1481, ne voulut pas abandonner [sa chère abbaye de Saint-Jouin, et celui qui avait signé autrefois :] frère Pierre, humble abbé, signa désormais : Pierre, évêque de Poitiers, abbé commendataire et administrateur perpétuel de l'illustre abbaye de Saint-Jouin-de-Marnes. On le trouve avec ces qualifications sous les années 1489 et 1493 (1). Les Etats-Généraux s'ouvrirent à Tours le 15 janvier 1484. Le Loudunais y députa, pour le Clergé, l'abbé de Saint-Jouin, Pierre d'Amboise, et Jacques Cholet, pour la Noblesse, Joachim de Sanglier, seigneur de Bois-Rogue, près Loudun, et Pierre Chonet, pour le Tiers-Etat (2).

Le 24 octobre 1489, Pierre d'Amboise fit dans son monastère de Saint-Jouin une fondation d'obit.

C'est cet évêque qui donna à l'église de Poitiers le magnifique château de Dissay (3) que lui avait abandonné son frère, le cardinal Georges d'Amboise. Nos prélats

(1) *Gallia Christiana*, t. II, col. 1275.

(2) Dumoustier de la Fond, *Histoire de Loudun* 1re partie, p. 22.

(3) Ce bourg, sis à quatre lieues de Poitiers, sur la rive droite du Clain, possède encore à peu près intact le magnifique château des évêques de Poitiers, bâti à la fin du xve siècle par Pierre d'Ambois et en partie dénaturé, avant la Révolution, par M. Beaupoil de Saint-Aulaire.

délaissèrent dès lors le château de Chauvigny, qui vit
commencer sa ruine. Dissay, au contraire, reçut de
considérables développements, et devint le siège d'un
archiprêtré, composé de 23 paroisses. Cet archiprêtré
était annexé à un canonicat de la cathédrale après 1475,
et cette année encore l'archiprêtre était le curé de Dissay.
Plus tard, quand l'évêque en devint seul titulaire, on
l'appela l'archiprêtré du siège *(archipresbyteratus se-*
dis) (1).

Certains auteurs lui ont attribué deux fils, dont l'un,
René, aurait été abbé de Saint-Cyprien de Poitiers. Les
mœurs et les habitudes de cet évêque et son désintéres-
sement furent irréprochables : ce qui n'a pas empêché
Dufourny d'accréditer la légende des deux enfants de
Pierre d'Amboise, dont l'un abbé de Saint-Cyprien (2).
Or, celui-ci, le seul dont il indique une trace, est inconnu
partout, même dans les diptyques de cette abbaye, où
son nom ne vient nulle part. Ce seul témoignage dit assez
ce que vaut l'assertion imprudemment publiée par
l'*Histoire des maréchaux de France* (3).

Il mourut à Blois, le 1er septembre 1505, et fut
inhumé dans la chapelle du château épiscopal de Dissay,
où on lit son épitaphe conçue en ces termes :

> *Exiguo claustro vitæ dilector honestæ*
> *Hujus sarcophagi pulvere, Petre, jaces.*
> *Cui generosa dedit ortus Ambosia claros*
> *Stirps, pater abbatem te que Jovinus ait.*
> *Urbis Pictaviæ moderamina præsul agebas*
> *Dormis cum patribus, pulvis et ossa, Petre ;*
> *Annis mille nis quingentis quinque locatur*
> *Prima septembris mors tibi vita fuit.* (4).

Pierre d'Amboise avait aussi inauguré la commende
à l'abbaye de Saint-Laon de Thouars, en 1481, après la

(1) Auber, *Histoire générale du Poitou*, t. III, p. 174.

(2) *Bulletin de la Société des antiquaires de l'Ouest*, IX, p. 240.

(3) T. II, p. 75.

(4) *Gallia christiana*, t. II, col. 1202.

mort de Nicolas Le Coq, qui fut le dernier abbé régulier de la maison (1).

Pierre d'Amboise portait : *écartelé de quatre pièces : au 1er et au 4e palé d'or et de gueules de six pièces ; au 2e un croissant dans un champ semé de lis ou d'hermines ; au 3e bandé de six pièces ; sur le tout un petit écusson portant un croissant.*

Pierre d'Amboise ne fut pas le seul moine de Saint-Jouin élevé, vers cette époque, à l'épiscopat. Le siège d'Angers allait être occupé, quelques années plus tard, par un autre religieux de notre abbaye, Jean Olivier. Cet homme, qui eut une grande réputation littéraire, fut appelé d'abord au siège abbatial de Saint-Médard de Soissons, puis à l'évêché d'Angers.

Né à Paris, vers 1480, il était frère de Jacques Olivier, premier président du Parlement, mort en 1519, et oncle d'Antoine Olivier, évêque de Lombez, et de François, chancelier de France.

Il prit l'habit de bénédictin, fit profession dans l'abbaye de Saint-Jouin-de-Marnes, et vint bientôt en celle de Saint-Denis, près Paris, avec le titre de grand-aumônier et de vicaire général. Les religieux l'élurent même, en 1528, pour leur abbé ; mais le roi, qui avait disposé du bénéfice, s'opposa à cette élection.

Il possédait déjà à Soissons les deux abbayes de Saint-Médard depuis 1510, et de Saint-Crépin depuis 1517, qu'il permuta avec François de Rohan contre l'évêché d'Angers. Ses bulles furent présentées au chapitre de Saint-Maurice d'Angers, le 10 septembre 1532. Certains auteurs l'ont accusé d'avoir favorisé la Réforme, mais ses actes démentent cette imputation, car il fut zélé pour la discipline ecclésiastique dans son diocèse. Cinq ou six statuts furent publiés dans ses synodes pour obliger les prêtres à la résidence, au service des fondations et à la tenue des registres

______

(1) Auber, *Hist. génér. du Poitou*, t. VI, p. 370.

réguliers. On ne peut nier son grand goût d'élégance
mondaine et son culte des lettres.

On a écrit de lui cet éloge : « *Inter litteratos Galliæ
scriptores clarissime effulsit.* » Ce qui lui a valu cette célébrité, c'est sans doute l'ouvrage posthume qui a pour
titre : *Pandora Jani Oliverii Andium Hierophantæ (1).*

Les copies du poème avaient circulé pendant sa vie
et montrent dans l'auteur une certaine grâce d'imagination et d'étrangeté. Le poète feint que Jupiter, furieux contre Prométhée, et voulant se venger du genre
humain, commande à Vulcain de forger une femme.
Pallas l'habille, Vénus la pare, chaque déesse l'instruit,
aidée de Minerve qui la conseille. Vulcain la marie à
Epiméthée; et Jupiter la dote d'une boîte mystérieuse,
asile des vices et des vertus, d'où vices et vertus s'é-
chappent au premier vent, les unes vers le ciel et les
autres pour peupler la terre. Le poème abonde en détails curieux. On conçoit que l'auteur n'ait pas osé, de
son vivant, assumer l'odieux d'une publication dirigée
contre le beau sexe. L'œuvre fut aussitôt traduite en
vers français par Guill. Michel, dit de Tours. Paris,
1543, in-8°, et par Pierre Bouchet, Poitiers, 1548, in-8°.

Jean Olivier avait des goûts somptueux. Il prit soin,
pendant quatre années, d'édifier son mausolée, en sa
cathédrale, dans la chapelle de Jean Michel.

Il trépassa, dans son château épiscopal d'Eventard,
le 12 avril 1540, et fut inhumé, le 19, dans ce superbe
monument. A sa sépulture assistaient ses deux neveux,
Gaston Olivier, grand archidiacre depuis 1537 jusqu'en
1548, et Jacques Olivier, archidiacre d'Outre-Maine, en
la cathédrale.

Le mausolée de Jean Olivier était réputé pour son
élégance et la richesse de son ornementation. Il est en
grande partie détruit. M. Joseph Denais, dans sa *Monographie de la cathédrale d'Angers,* a pu le reconstituer,

(1) *Lugduni, apud Steph. Doletum,* 1541, in-4° ital.

en examinant les parties conservées dans les musées et dans l'église, et en se servant des dessins de Gaignières.

Les nombreuses inscriptions de ce tombeau sont dues à l'évêque lui-même. On y lit sa devise : *Spes mea Deus a juventute mea.* Son écusson portait : *d'azur à six besans d'or posés 3, 2 et 1, au chef d'argent, au lion issant de sable armé et lampassé de gueules.*

Nous nous contenterons de choisir parmi ses diverses épitaphes celle qui se voyait, en lettres capitales, sur une lame de cuivre :

Reverendi Patris Dni Johannis Olivarii Andini
Pontificis épitaphium, q. ipse de seipso paulo ante morte conscripsit.
Inquiris, hospes, qui sum? Non sum amplius.
Quid agam? Putresco et vermium greges alo.
Qui fuerim? Ineptus Janus Olivarius.
Peccator unus omnium premaximus.
Unde? urbe natus nobili in Lutetia.
Quo fanctus olim munere in republica?
Primû archiabbas, Andium post pontifex.
Quæ otia? sacratas paginas evolvere.
Quid hac in urna superit? ossa et cinis.
At quo animus? Hospes, côtine, scire hoc nephas.
Archana divum non decet scrutarier,
Neu quid negocii sit jovi cum manibus.
Satis superque nosce erit, fidelium
Post fata mentes non mori, at quiescere
Donec resurgant in priore corpore
Augustiore, quam antea, fælicius
Victure in ævum cum beatis omnibus.
Jam nosti abunde qui fuerim ; at altissimis
Quando in tenebris nequeo nûc te agnoscere,
Saltem hospes, unû hoc, tete ut agnoscas, rogo.
Optes q ; veram mortuis pacem omnibus. (1)

La cathédrale d'Angers a conservé longtemps des monuments de sa générosité.

Une grosse cloche, pesant 15.000 livres, était datée de 1535, aux ames de Jean Olivier (2).

(1) *Bibl nation.*, fonds latin., n° 4813, fol. 262.
(2) Cette cloche fut détruite par l'incendie de 1831.

Il donna, en outre, au chapitre de Saint-Maurice, quatre pièces de tapisseries aujourd'hui perdues ou détruites (1) : L'Annonciation, la Nativité, le Baptême de N.-S. et la Cène (1540). C'était l'année même de sa mort.

Bruneau de Tartifume a donné son portrait (2).

ETIENNE DU MESNIL, 1505-1519

Il appartenait à la famille du Mesnil-Simon, originaire de Normandie, mais passée dans le Berry au XIVe siècle. La généalogie se trouve dans le Dictionnaire de noblesse et dans l'Histoire de Berry, de la Thaumassière. Etienne du Mesnil était fils de Jehan du Mesnil, seigneur de Maupas, en Berry, et de Philippe de Rochechouart.

Il était prieur de Saint-Gilles d'Argenton et moine de Saint-Jouin en 1483. Il fut abbé d'Angles en 1504 (3) ; l'année suivante, il était choisi par ses frères pour succéder à Pierre d'Amboise. Un acte passé à Saint-Jouin, en 1505, sous le scel de l'abbé, porte son écusson, tel que nous allons le décrire plus loin. Le 15 février 1505 (a. s.), il portait le titre d'abbé.

Le 15 juillet 1516, frère Etienne du Mesnil (4), humble abbé du monastère de l'abbaye de Saint-Jouin-de-Marnes, passait une transaction au sujet de la châtellenie de Crémille, appartenant à son abbaye, avec Renée du Fou, dame de Crémille et veuve de Guillaume de la Marche (5).

Etienne du Mesnil portait : *écartelé au 1 et 4 du Mesnil-*

----

(1) Denais, *Monographie de la cathédrale d'Angers*, 1899, p. 45, 73, 198, 336.

(2) Célestin Port. *Diction. hist. de M.-et-L.*, t. III, p. 32.

(3) *Bibl. Nation.*, fonds latin, n° 5449, fol. 95 et 99.

(4) *Gall. Christ.*, t. II, col. 1276.

(5) D. Fonteneau, t. LXIII.

Simon (1), d'argent à 6 mains de gueules renversées, posées 3 et 3, et d'argent à 3 fasces ondées de gueules, qui est de Rochechouart.

Une légende de la famille du Mesnil-Simon raconte que trois frères de cette famille, faits prisonniers à la croisade, eurent les mains coupées par les Sarrazins, mais les anciens sceaux du XIII° siècle ne portent qu'une seule main, ce qui semble prouver la fausseté de la légende.

Les religieux, abbé et couvent de Saint-Jouin, furent représentés, le 2 août 1518, à l'assemblée des trois ordres qui se réunit à Loudun pour la rédaction des coutumes du Loudunais. Leur représentant fut Georges Ciret, qui représenta dans la même assemblée le chapitre cathédral de Poitiers, le prieur de Coussay, le seigneur de Saint-Gatien et le seigneur de Bessay (2). La séance s'ouvrit à 9 heures du matin, au couvent des cordeliers, « pour ce qu'il estoit plus convenable que l'auditoire royal ». Puis, à la requête du procureur du roi, le commissaire royal, sieur de la Motte, fit procéder à l'appel des membres des trois ordres composant l'assemblée du siège royal. A la requête du procureur du roi, il fut donné défaut des non comparants, puis il fut fait lecture des lettres patentes du roi et de toute et chacune des dites coutumes, par maître Jacques Barbier, greffier ordinaire en la jugerie de Loudun, en la présence des comparants.

Les religieux de Saint-Jouin participèrent à cette assemblée à cause de leurs bénéfices situés dans le bailliage de Loudun, comme les religieux de Saint-Maur-sur-Loire y prenaient part, à cause de leur prieuré de Bournand, et les chanoines de Saint-Laud d'Angers, à cause de leur seigneurie d'Angliers (3).

(1) Berry.
(2) Enguilbert de Marnef. *Coustumes du pays et seigneurie de Lodunoys, Poictiers.*
(3) D'Espinay, *Le Bailliage de Loudun,* page 22.

AIMERI, AIMAR ou ADHÉMAR GOUFFIER DE BOISY,
1519-1528

Aimeri Gouffier était fils de Guillaume Gouffier, seigneur de Boisy, d'Oiron et de Bonnivet, chambellan du roi, gouverneur de Charles VIII, sénéchal de Saintonge et gouverneur de Touraine. Sa mère était Philippe de Montmorency.

Aimeri Gouffier était religieux bénédictin. Peut-être avait-il fait profession dans l'abbaye de Saint-Jouin, voisine du château de sa famille. Il avait quatre frères : Adrien, cardinal, évêque de Coutances et plus tard d'Albi. Louis, Pierre et Arthur.

Adrien Gouffier ayant été nommé évêque de Coutances en 1510, son frère Aimeri devint son vicaire général, et quand l'évêque accompagna François Ier à Bologne, lors de l'entrevue de ce prince avec Léon X pour arrêter les bases du concordat, Aimeri Gouffier gouverna le diocèse de Coutances à titre de grand-vicaire.

Il était abbé de Sainte-Croix d'Angles en 1507, après son frère Adrien, qui avait été pourvu de cette abbaye deux ans auparavant, en 1505. Louis Gouffier était abbé de Saint-Maixent et mourut en 1505. Son frère, Pierre, lui succéda sur ce siège abbatial, et fut pourvu aussi de l'abbaye de Saint-Denis, qu'il garda jusqu'à sa mort, arrivée en 1516.

Aimeri Gouffier devint abbé de Saint-Denis à la place de son frère et prit possession le 30 mai 1517. Lors de la translation du cardinal Adrien Gouffier sur le siège d'Albi, Aimeri Gouffier devint chanoine de ce diocèse, et presque en même temps abbé de Saint-Jouin-de-Marnes.

Il possédait cette abbaye depuis plusieurs années déjà lorsqu'il succéda à son frère, le cardinal, sur le siège épiscopal d'Albi, en 1523.

Aimeri Gouffier n'eut pas à disputer à un compétiteur le siège abbatial de Saint-Jouin-de-Marnes, comme son frère, le cardinal de Boisy. Celui-ci, qui avait obtenu, dès l'âge de quatorze ans, dispense pour jouir de toutes sortes de bénéfices. en fut gorgé. Evêque de Coutances en 1510, il fut créé cardinal avec le titre de Saint-Pierre et Saint-Marcellin, qu'il échangea, en 1517, contre celui de Sainte-Sabine.

L'abbé du Bec, Guillaume Guérin, avait résigné, au mois de mars 1515, son abbaye à son neveu, Jean Ribault ; mais Adrien Gouffier s'empressa de jeter son dévolu sur cette abbaye. Par une bulle, datée de Corneto, le 23 octobre 1515, Léon X, à la requête de François Ier, accorda la commende du Bec au cardinal de Boisy, avec l'administration spirituelle et le droit de nommer aux bénéfices.

Une scission s'était faite entre les religieux : une partie tenait pour Ribault, l'autre lui était contraire. Le cardinal de Boisy crut prudent de se faire précéder par une troupe de soldats, qui expulsèrent les moines les plus récalcitrants et gardèrent les autres prisonniers. L'abbaye demeurait militairement occupée comme une place de guerre. Le Parlement de Rouen voulait sauvegarder les droits des religieux, mais ceux-ci virent bien qu'il fallait renoncer à lutter contre un cardinal-abbé, favori du roi, et qui faisait occuper son abbaye par des gens d'armes. De son côté, Jean Ribault comprit qu'il fallait renoncer à la lutte, sous peine d'encourir la disgrâce du roi. Il résigna donc son abbaye en faveur du cardinal de Boisy; moyennant la réserve d'une pension, et se retira à Rouen, sa ville natale (1).

Le cardinal de Boisy ne garda pas longtemps la commende de l'abbaye du Bec. Il obtint, le 5 février 1520, l'abbaye de Fécamp, et celle du Bec passa à Jean de Dunois.

L'abbé de Saint-Jouin-de-Marnes était religieux ; il

(1) Porée, *Hist. de l'Abbaye du Bec*, t. II, p. 319, etc.

avait moins d'ambition que le cardinal de Boisy, son frère (1).

Le château d'Oiron, voisin de Saint-Jouin-de-Marnes, était la résidence des Gouffier, les autres seigneurs qui firent bâtir l'église collégiale d'Oiron, où se voient les tombeaux en marbre de Philippe de Montmorency, veuve de Guillaume Gouffier, et de Artus Gouffier, leur fils.

On comprend dès lors l'affection de Gouffier pour l'abbaye de Saint-Jouin-de-Marnes, si voisine du château de ses pères. Il dut y résider souvent. C'est là que la mort vint le surprendre, le 9 octobre 1528 (2).

Il reçut la sépulture dans l'église de son abbaye. Sa tombe n'eut pas le sort réservé à celles de sa mère et de son frère Artus, qui sont conservées dans l'église paroissiale d'Oiron. La tombe de cet abbé fut profanée par une main impie et cupide. En 1699, on voyait encore dans l'église de Saint-Jouin-de-Marnes les restes de cette sépulture mutilée. Des fragments de pierre sépulcrale indiquaient le nom du défunt, ses dignités, une partie de sa généalogie. Le mausolée se trouvait au nord de l'église, hors la chapelle des Saints-Apôtres, à l'endroit qui conduit au chœur. La sépulture avait été violée et ouverte par le côté gauche (3). La perte de ce monument est d'autant plus regrettable qu'il avait dû être traité avec la même richesse artistique que ceux d'Oiron. La veuve d'Artus Gouffier, Hélène de Hangest-Genlis, qui avait présidé à l'érection du tombeau de son mari, était une femme de beaucoup de goût (4). Elle avait dû pren-

(1) Adrien Gouffier, abbé du Bec, 1515 ; de Fécamp, 1520 ; évêque d'Albi, la même année, mourut le 24 juillet 1523, à Villandry-sur-Indre.

(2) Le Canu, *Hist. des Ev. de Coutances*, t. I, p. 421, 422.

(3) *Bibl. Nation.*, fonds latin, Duchesne, n° 35, fol. 17.

(4) On sait que, parmi les chefs-d'œuvre de la céramique poitevine, il faut mettre les faïences d'Oiron, dites également de Henri II. La manufacture d'Oiron fut surtout remarquable au temps de cette

dre un soin particulier de la sépulture de l'évêque
d'Albi.

Le souvenir de l'abbé de Saint-Jouin-de-Marnes est
conservé dans l'église d'Oiron, où l'on admire le sarcophage d'Artus Gouffier, qui fait pendant à celui de Philippe de Montmorency.

Aux extrémités du mausolée, deux anges tiennent un
écusson, sur chaque côté, dans autant de niches sont six
personnages dont les mains et le nez ont été mutilés,
mais que leurs insignes, encore assez apparents, per-
mettent d'identifier. Ainsi, il est permis d'attribuer le
livre avec crosse à Aimeri ou Aimar, abbé de Saint-
Jouin-de-Marnes et évêque d'Albi ; le livre avec houppes
et chapeau à Adrien, qui fut cardinal et grand aumônier
de France (1).

On ne saurait trop regretter que des ouvrages aussi
remarquables aient été odieusement défigurés par le
fait de la barbarie des huguenots. On sait que le Poitou
fut longtemps le théâtre des guerres suscitées par les
protestants, et Oiron, comme Saint-Jouin-de-Marnes,
éprouva leur vandalisme en 1568. Le 18 septembre,
sous la conduite de Colombière, gentilhomme de l'armée de Dandelot, après avoir pillé le mobilier du château, ils mutilèrent les tombeaux. Ils renouvelèrent
leurs actes de banditisme à l'époque de la bataille de
Moncontour. Heureusement, en 1839, les panneaux jetés
çà et là se rapprochèrent, grâce à la restauration faite

femme artiste. Cette manufacture fut créée en 1529 par Hélène
de Hangest, qui avait mis à sa tête Jehan Bernard de Saint-Porchaire
et François Cherpentier. Les produits de 1529 à 1537 sont les plus
parfaits. Ces produits n'entraient pas dans le commerce. Les ateliers
furent fermés lors de la dévastation du château d'Oiron par les
huguenots, le 19 septembre 1568. Il existe actuellement une soixan-
taine de pièces d'Oiron. Une aiguière fut vendue à Londres, en 1892,
plus de 100 000 fr

(1) Bossebœuf, *Oiron, le château et la collégiale*, p. 48.

par M. Segretain, habile architecte de Niort (1). Malheureusement, il ne se trouva pas de restaurateur à Saint-Jouin-de-Marnes pour le mausolée de l'ancien abbé, Aimar Gouffier.

C'est à l'année 1558, que remonte la construction du mausolée d'Artus Gouffier, dans l'église collégiale d'Oiron, Claude Gouffier était alors occupé à surveiller la construction de ce monument, élevé à la mémoire de son père, Artus Gouffier, et de sa mère. Pour l'exécution de ce travail, il avait assemblé diverses espèces de matériaux, et notamment quatorze ou quinze marbres qui lui vinrent tout taillés des carrières d'Italie, par la voie de Marseille (2). Il portait : *d'or aux trois jumelles de sable.*

PHILIBERT OU PHILIPPE DE COSSÉ-BRISSAC, 1530-1548

L'historien des évêques de Coutances, le dit fils de René de Cossé, seigneur de Brissac, et de Charlotte Gouffier ; les auteurs de la *Gallia Christiana* le font naître, à tort, de Théobald de Cossé et de Félicie de Charnon de Saint-Julien. René de Cossé, dit le Gros Brissac, fut grand fauconnier et grand panetier de la cour du roi François Ier, de 1516 à 1521, puis gouverneur des enfants de France et lieutenant-général du Maine et de l'Anjou. La maison de Cossé tirait son nom de la terre de Cossé, située dans le Maine. Philippe de Cossé-Brissac était frère de Charles et de Artus de Cossé, maréchaux de France.

Charlotte Gouffier, la femme de René de Cossé et la mère de notre abbé, était fille de Guillaume Gouffier, seigneur de Boisy. Charlotte Gouffier était gouvernante des enfants de France. Un de ses enfants fut Philippe de Cossé, dit le *Cardinal de Meudon.* Philippe était neveu,

(1) *Mém. de la Soc. des Ant. de l'Ouest,* 1re série, t. VI, p. 244.

(2) Bossebœuf, *Oiron, le château et la collégiale,* p. 52, en note.

par sa mère, du cardinal Adrien Gouffier et de l'évêque
d'Albi, Aimeri Gouffier.

Philippe de Cossé était moine bénédictin (1) et pré-
cepteur des enfants du roi. Il était abbé de Saint-
Jouin-de-Marnes quand il fut promu à l'évêché de
Coutances, le 9 mars 1530. Il fut aussi abbé de Saint-
Mélaine, de Saint-Michel-en-l'Herm, grand aumônier de
France (1547), prieur de Sainte-Croix de la Voûte, de
Saint-Nicolas de Poitiers et de Saint-Eutrope de Saintes.
Il s'intitulait lui-même « administrateur de l'évêché de
Coutances, abbé de Saint-Jouin-de-Marnes » (2).

L'évêque de Coutances prit possession de son siège
par procuration, le 16 mai 1531. Il avait chargé de ce
soin Robert de Glos, prieur de Montierneuf de Poitiers,
Philippe de Cossé ne mit pas les pieds dans son diocèse.
Robert de Glos, son vicaire général, et son secrétaire,
François de Lautrec, gouvernèrent en son nom. Philippe
de Cossé-Brissac succédait à René de la Trémoille.

Rouault, dans sa *Vie des évêques de Coutances*, dit de
notre abbé : « Philippe de Cossé est extrèmement loué
pour ses grandes connaissances dans les langues latine,
grecque et hébraïque, la philosophie et la poésie. Mais
comme toutes ces sciences n'étaient pas des mets que
son troupeau put digérer, quand même il eut été présent,
elles lui ont plutôt acquis la réputation d'homme savant
que celle de pasteur vigilant. » Cet auteur continue :
« Tout le plaisir de Philippe de Cossé était d'être le Mé-
cène des gens de lettres, dont sa maison était ordinairement remplie et qui chantaient ses louanges, comme
on les voit pompeusement étalées dans une lettre dédi-
catrice de Louis Le Roy, natif du diocèse de Coutances,
qui, après s'être acquis la réputation d'une grande
science, se retira auprès de lui et le servit dans ses
ouvrages d'esprit. »

(1) Bibl. nat , fonds latin, 5449, fol. 122.
(2) Lecanu, *Hist. des Ev. de Coutances*, t. I, p. 429.

Que dire d'un évêque qui ne vit jamais son troupeau ? Il ne fit rien qui fut digne d'un évêque, c'est le jugement que porte sur lui le compilateur des Conciles de Normandie (1). Grand homme et beau parleur peut-être. mais pauvre évêque, qui ne sut pas même accompagner son maître, en 1532, lorsque le monarque séjourna à Coutances, du 21 avril au 5 mai.

La *Vie du chancelier Poyet* lui est dédiée avec force éloges par l'auteur Louis Le Roy, 1541. Il fut aussi célébré dans les vers de Macrin *(Hymne, livre II, Carmen 2)*, et de Nicolas Bourbon (l. VIII, Carmen 118). Il était passionné surtout pour la langue hébraïque, la philosophie et la poésie.

Dans le *Recueil des sceaux*, de Clairambault, n° 2324, sceau d'Artus de Cossé, évêque de Coutances, pour la nomination d'un prieur d'Argenton-Château le 26 octobre 1538, Artus est mis ici pour Philippe. Clairambault s'est trompé.

Notre abbé fut surtout regretté des beaux esprits, à sa mort, arrivée le 14 novembre 1548. Il portait : *de sable* (2) *à trois fasces* (3) *d'or denchées par le bas.*

Pour supports : deux aigles au naturel, colletés et couronnés. Pour devise : *Virtute, tempore* ; comme duc, il sommait son écu de la couronne ducale ; comme évêque, il le somme à dextre de la mitre posée de front, à senestre de la crosse tournée au dehors (4), puis timbre ses armes du chapeau de sinople avec trois rangs de houppes de même.

Avant la Révolution, l'église de Brissac montrait un enfeu seigneurial sous lequel on voyait les tombeaux en

---

(1) Bessin, *Conciles Normands*, Part. II, col. 537.

(2) *Sable* signifie *noir*. En gravure, le *sable* se représente par des hachures horizontales et verticales qui se coupent.

(3) *Fasce*, pièce honorable posée horizontalement ; elle représente l'écharpe du chevalier; *fascia*.

(4) La crosse tournée en dehors indique des évêques dont le pouvoir s'étend hors du palais.

marbre blanc de René de Cossé et de sa femme, Charlotte Gouffier. Dans l'aile gauche, sous une arcade, se
trouvait la statue de Philippe de Cossé, évêque de Coutances, à genoux et en habit de moine. Des dessins en
sont conservés dans *Gaignières*, t. VIII, XXXV, CVIII, et
Montfaucon, t. IV, pl. 50.

A l'autel Sainte-Marguerite de Saint-Jouin-de Marnes,
on a cru lire F. Cossé avec une date illisible.

Le musée de Niort conserve une empreinte en cire du
blason de Philippe de Cossé-Brissac (1).

ÉTIENNE II PAYEN-LESUEUR D'ESQUETOT, 1549-1551

Le successeur de Philippe de Cossé sur le siège
abbatial de Saint-Jouin-de-Marnes fut son successeur
sur le siège épiscopal de Coutances, Etienne Payen-Lesueur d'Esquetot: Il était fils de Guillaume Lesueur,
seigneur d'Esquetot, et de Marie de Normanville. Payen
avait été fort lié avec son prédécesseur, grâce à la
communauté de leurs goûts pour la littérature. Ce qui
fait supposer qu'il dut sa nomination au siège de Coutances à l'influence des de Cossé. Il est certain que Philippe
de Cossé lui avait déjà donné une preuve de son amitié,
en le nommant, le 6 juillet 1546, à la prébende de la
Vauterie, à Quibou, dans son diocèse.

Payen fit prendre possession de son évêché, le 16
mars 1549, et se présenta lui-même le 7 mai 1550, avec
l'intention de résider. Il avait commencé sa première
visite pastorale, lorsqu'il fut appelé à Rouen pour les
funérailles du cardinal Georges d'Amboise II. Il ne revint
à Coutances que l'année suivante 1551. Il y passa encore
quelques mois, puis s'en alla à Paris, où il mourut le
24 décembre 1551. Il était pourvu des abbayes de Saint-
Mélaine et de Saint-Jouin-de-Marnes. Il fut inhumé

---

(1) Alphonse Farault, *Répertoire des dessins archéologiques légués
par A. Bouneault à la bibliothèque municipale de Niort*, n° 982.

dans l'église abbatiale d'Evron, au diocèse du Mans, entre les degrés du maitre autel et le tombeau de Renaud, comte de Blois (1).

L'auteur d'une notice sur Evron fait mourir cet abbé à Evron, en 1550. Il fut inhumé le lendemain de son décès.

L'année suivante, Charlotte d'Esquetot, nièce de ce prélat et femme de Charles de Cossé, baron de Brissac, maréchal de France, gouverneur du Piémont, institua, pour son oncle et pour elle-même, un anniversaire dans l'église abbatiale d'Evron. Charlotte d'Esquetot versa aux religieux d'Evron une somme de 100 l. tournois pour la rétribution de cet anniversaire, et 205 l. pour les frais de la sépulture de l'évêque et une messe qu'elle fit dire chaque jour pendant un an à son intention. L'historien du diocèse de Coutances diffère en deux points de celui d'Evron ; le premier fait mourir l'évêque à Paris, le second à Evron ; l'un assigne à son décès l'année 1551, et l'autre 1550. Nous croyons que cette dernière date est fondée, le *Gallia Christiana* comme la notice de Gérault place le décès d'Esquetot à Evron ; il assigne la même date : 1550. L'abbé commendataire d'Evron était alors Jacques Vitry de Lorrière.

Payen-Lesueur d'Esquetot portait : *d'argent à trois fasces de gueules.*

ÉTIENNE III MARTEL DE BACQUEVILLE, 1552-1560

Étienne Martel de Bacqueville (1552-1560) était petit-fils du célèbre Guillaume Martel, le dernier porte-oriflamme tué à la bataille d'Azincourt (2).

Il était frère d'Olivier de Bacqueville, qui avait épousé

(1) Lecanu, *Hist. des Év. de Coutances*, etc., t. I, p. 442 ; *Gallia Christiana*, t. II, col. 1276.

(2) Jean Petit, le futur apologiste de Jean Sans-Peur, était uni par des liens de reconnaissance aux sires de Bacqueville. Il a consacré à ses bienfaiteurs : 1° Le livre du *Champ d'or et des III Mar-*

la fille et l'unique héritière de Jean de Cambernon, seigneur de Montpinchon. Olivier Martel avait usé du droit de patronage appartenant à sa femme, pour nommer, en 1547, Etienne Martel à la cure de Montpinchon. Cinq ans après, en 1552, de simple curé du diocèse de Coutances, Etienne en devenait évêque, par la faveur du roi qui le nomma à l'évêché de Coutances. Des difficultés survenues entre la cour de Rome et celle de Paris firent différer sa préconisation. Enfin, il prit possession du siège épiscopal par procureur, le 3 décembre 1552. Il fut aussi gratifié des deux abbayes de Saint-Jouin-de-Marnes, au diocèse de Poitiers, et de Saint-Mélaine, dans l'évêché de Rennes. L'évêque-abbé prenait le titre de seigneur de Bacqueville, Crétot, etc. (1).

Etienne Martel retarda sa prise de possession personnelle jusqu'en 1558. Alors il se rendit dans son diocèe avec l'intention d'habiter au milieu de son troupeau. On lui fit une réception cordiale et empressée, à cause de sa réputation de grande piété. Mais il eut peur de la guerre allumée entre catholiques et protestants, et repartit après un séjour de sept mois.

Guillaume de Grimouville, vicaire général des deux derniers évêques de Coutances, avait été maintenu dans sa charge, et la suffragance resta à Pierre Pinchon, évêque *in partibus* et grand chantre de la cathédrale.

En quittant Coutances, l'évêque s'était retiré dans son abbaye de Saint-Mélaine, qu'il habita alternativement avec celle de Saint-Jouin-de-Marnes. Il mourut le 26 mai 1560 et fut enterré dans l'église de Saint-Jouin-de-Marnes (2).

C'est pendant l'administration de cet évêque que furent supprimées, dans le diocèse de Coutances, les ordinations de tournée.

leaux, composé en 1389 ; 2° le livre du *Miracle de Bacqueville*. *Bibl. nation. fonds français*, n° 12.470, fol. 32, r°, fol. 71, r°.

(1) *Annuaire de la Manche*, 1855, p. 51.

(2) *Gallia Christiana*, t. II, col. 1276.

Le blason d'Etienne de Bacqueville portait : *d'or à trois marteaux de gueules.*

CHARLES DE BOURBON ET DE VENDOME, 1560-1562

Charles de Bourbon, fils de Charles de Bourbon, duc de Vendôme et de Françoise d'Alençon, naquit à la Ferté-sous-Jouarre, le 21 décembre 1522. Il était frère d'Antoine de Bourbon. Elevé avec Charles de Lorraine, devenu plus tard archevêque de Reims et cardinal, il gravit aussi l'échelle des dignités ecclésiastiques. Il fut d'abord évêque de Nevers, puis de Saintes. Créé cardinal, du titre de Saint-Sixte par Paul III en 1547, il prit le titre de duc de Vendôme. Nommé pour succéder à Georges II d'Amboise, archevêque de Rouen, en 1550, il prit possession, par procureur. L'année suivante, il fit son entrée solennelle dans la métropole normande. « D'Amboise a doré le dehors, dit le nouvel archevêque, je dorerai le dedans. » Mais d'autres soucis allaient remplir son administration.

En 1555, il assista à l'élection du pape Paul IV. En 1558, il bénit l'union de François, dauphin de France, avec Marie-Stuart. L'année suivante lui voyait conférer le titre d'archiprêtre des cardinaux-prêtres, avec le titre de Saint-Chrysogone.

En 1562, les huguenots mirent tout à feu et à sang dans son diocèse. Il eut à rétablir l'ordre dans son église, après ces troubles religieux. Il avait été employé en bien des affaires par la cour, lorsque après la mort du cardinal de Châtillon, il fut pourvu de l'évêché de Beauvais, qu'il garda quelque temps avec celui de Rouen. A ces bénéfices, il joignait quantité d'abbayes : celles de Saint-Jouin-de-Marnes (1560-1562), de Jumièges, de Fontenelle, de Saint-Germain-des-Prés, de Corbie, de Vendôme, de Saint-Lucien, de Saint-Michel-en-l'Herm, de Saint-Pierre-de-la-Couture du Mans, des Châtelliers, de Saint-Etienne de Dijon, de Montebourg, etc.

Le *Gallia Christiana* ne lui a pas donné rang parmi les abbés de Saint-Jouin, mais D. Fonteneau a réparé cet oubli. Il ne garda ce bénéfice que deux années, de 1560 à 1562. Il abdiqua en faveur de Cossé-Brissac.

Charles de Bourbon assista, en 1573, à l'assemblée du clergé de France. En 1583, il établit les Jésuites à Rouen. On lui doit la restauration du palais abbatial de Saint-Germain-des-Prés et de Saint-Ouen et la construction de la chartreuse de Gaillon, dans son diocèse.

Quand Henri III eut perdu son dernier héritier direct, par la mort du duc d'Alençon, son frère, en 1584, les ligueurs donnèrent le titre de roi au cardinal de Bourbon, ne voulant pas accepter Henri de Navarre, neveu du cardinal, qui était huguenot. Après l'assassinat de Henri de Guise, à Blois, en 1588, Henri III fit arrêter le cardinal, au nom duquel certains parlements rendaient déjà leurs arrêts. Celui-ci était encore captif dans le château de Fontenay-le-Comte, lorsqu'on le proclama, à Paris, sous le nom de Charles X, après le meurtre du roi, et il mourut sans avoir recouvré la liberté, en 1590.

Son corps fut transporté dans la chartreuse de Gaillon, mais ses entrailles avaient été déposées dans un pilier du chœur de l'église Saint-Nicolas, la seule ouverte alors au culte catholique dans la ville de Fontenay-le-Comte (1).

Une inscription était gravée sur la tablette de marbre noir qui recouvrait le vase d'argent où reposaient les entrailles du cardinal. Nous la reproduisons plus loin, d'après un croquis pris en 1787.

Les armes portaient : *d'azur à trois fleurs de lys d'or au bâton péri en bande, chargé de trois lions d'argent* (2). Dans l'ouvrage *Poitou et Vendée* (3), MM. Fillon et de Rochebrune donnent une médaille en argent de Charles X.

(1) Cette église est maintenant détruite.
(2) Frizon, *Gallia purpurata*, p. 620.
(3) T. 1, p. 59.

Inscription funéraire du Cardinal de Bourbon.

BIBLIOGRAPHIE

des travaux de Alfred Richard

archiviste honoraire du département de la Vienne

[1839-1914] (1)

———

'RICHARD (Guy-Alfred), né à Saint-Maixent, le 4 février, 1839, — fils de Auguste-Anselme Richard, avocat, et de Marie-Delphine Bordier, marié à Laure Bordier, — est décédé à Poitiers le 19 décembre 1914.

Archiviste paléographe (promotion du 11 janvier 1864), licencié en droit, archiviste du département de la Creuse (1864), Alfred Richard fut nommé archiviste du département de la Vienne, en septembre 1868, en remplacement de Rédet, admis à la retraite, et conserva ces fonctions jusqu'en 1913; il obtint ensuite l'honorariat.

Alfred Richard fit partie de la Société des antiquaires de l'Ouest dès 1862 et de la Société de statistique, sciences, lettres et arts du département des Deux-Sèvres (1863) ; il fut membre fondateur de la Société des archives historiques du Poitou (1871), membre de la

---

(1) La présente *Bibliographie* a été communiquée à la Société historique et scientifique des Deux-Sèvres dans sa séance du 6 octobre 1915 et était à l'impression quand a paru, dans le *Bull.* de la Société des antiquaires de l'Ouest, 3ᵉ série, t. III (1913-15), p. 356-394, le travail de M. Emile Ginot : *M. Alfred Richard, archiviste honoraire du département de la Vienne et ses publications. Notice bio-bibliographique,* avec un portrait.

Société des archives historiques de la Saintonge et de l'Aunis (1874) et membre fondateur de la Société historique et scientifique des Deux-Sèvres (1905).

Il était correspondant du Ministère de l'Instruction publique pour les travaux historiques et correspondant du Comité des sociétés des beaux-arts des départements (1875), inspecteur de la Société française d'archéologie pour le département de la Vienne (1875), membre non résidant du Comité des travaux historiques et scientifiques (1901). Il fut désigné par M. le Recteur de l'Académie de Poitiers pour faire, à la Faculté des lettres, pendant les années 1887 et 1888, un cours sur l'histoire du Poitou (1).

Alfred Richard était un érudit par excellence, ainsi qu'en témoigne le grand nombre d'ouvrages qu'il a composé sur le Poitou et dont nous donnons plus loin la liste aussi complète qu'il nous a été possible de la dresser (2). Il s'est beaucoup occupé de l'histoire de Saint-Maixent, sa ville natale ; il en a traité plusieurs points, sans cependant donner une étude complète. Coïncidence assez curieuse, la première et la dernière de ses publications — à 51 ans d'intervalle — concernent l'histoire de Saint-Maixent : *Inventaire-sommaire des archives communales de Saint-Maixent* (1863) ; *Villon à Saint-Maixent* (1914).

Il obtint de l'Académie des inscriptions et belles-lettres, au concours des antiquités nationales, une mention honorable pour son étude sur les *Colliberts* (1877). Son œuvre capitale est l'*Histoire des comtes de Poitou* (778-1204), publiée en 1903, qui lui valut le

____

(1) Cf. n° 46 et 48, ainsi que les passages relatifs à ce cours dans le discours de M. Alfred Barbier (*Bull.* de la Société des antiquaires de l'Ouest, 2ᵉ série, t. IV (1886-88), p. 408).

(2) Nous ne mentionnons pas, dans cette nomenclature, les « Rapports » annuels sur le service des archives, adressés au Préfet de la Vienne, publiés dans les *Rapports du Préfet et procès-verbaux des séances du Conseil général* et tirés à part.

second prix Gobert (histoire), 1.000 fr., décerné par l'Académie des inscriptions et belles-lettres.

Par testament reçu par M⁄e Baranger, notaire à Poitiers, le 25 février 1914, Alfred Richard a légué à la Société des antiquaires de l'Ouest toutes ses collections archéologiques à la charge de compléter l'inventaire et de le publier. « Ne feront pas partie de ce don, est-il dit, les tables de la loi (1) que j'ai publiées dans les poésies de Jean Babu (2), et qui depuis plus de deux siècles sont conservées dans ma famille, et mes médailles. » (3)

Il était officier de l'Instruction publique (1887) et chevalier de la Légion d'honneur (décret du 31 mars 1909).

1. Inventaire-sommaire des archives communales antérieures à 1790, de Saint-Maixent, publié par M. A. Richard,... — *Paris, impr. de P. Dupont,* 1863. In-4°, ɪv-1-3-2-2-1-2-5-1-1 et 6 p.
   (Collection des inventaires-sommaires des archives communales antérieures à 1790.)

2. Recherches sur la condition des personnes et des terres en Poitou au x⁄e siècle (935-1030).
   École impériale des chartes. Positions des thèses soutenues par les élèves de la promotion 1862-1863, pour obtenir le diplôme d'archiviste paléographe, 1863, p. 33-34. -- « Un fragment seulement de ce travail a été publié : *Les Colliberts...* [cf. nⁿ 23]. » (*Revue poit. et saint.,* t ᴠɪɪɪ (1891), p. 350.)

3. Remarques sur l'ouvrage intitulé : « Essai historique sur l'abbaye de Saint-Maixent et sur ses abbés depuis 459 jusqu'à 1791. » (Signé : Alfred Richard.) — *Saint-Maixent, impr. de C. Reversé,* 1864. In-8°, 14 p.
   (La couverture imprimée sert de titre.)

(1) « Les dix commandemens de la loy de Diev » du temple d'Exoudun.

(2) Cf. n° 72.

(3) *Bull.* de la Société des antiquaires de l'Ouest, 3ᵉ série, t. ɪɪɪ (1913-15), p. 246.

4. De l'origine de Celles-sur-Belle. (Signé : Alfred
   Richard.) — *Melle, impr. de C. Moreau* (1865).
   In-8°, 4 p.

   (Extrait non spécifié de *le Mellois*, n° du 29 octobre 1865)

5. Vérification de privilèges par l'élection de Niort, de
   1627 à 1638. [Première partie.] (Signé : Alfred
   Richard.) — *Melle, impr. de C. Moreau.* (1865).
   In-8°, 12 p.

   (Extrait non spécifié de *le Mellois*, n°ˢ des 19 et 26 novembre 1865.)
   — Cf. n° 13.

6. Acte d'affranchissement d'une serve par son seigneur
   [Louis de Montrognon], au xv° siècle. (Signé :
   Alfred Richard.) — *Guéret, Dugenest* (1866). In-8°,
   5 p.

   (Extrait de la *Société française d'archéologie. Institut des provinces de France. Compte rendu du Congrès archéologique et
   des Assises scientifiques de Guéret*, 1866, p. 188-192.)

7. La vie de saint Maixent, abbé, patron de la ville qui
   porte son nom. (Signé : Alfred Richard.) — *Saint-
   Maixent, impr. de C. Reversé*, 1866. In-12, 36 p.,
   avec une eau-forte de Varin.

   (Publication faite d'après le manuscrit de dom Boniface Devallée,
   sous-prieur de l'abbaye de Saint-Maixent.)

8. Mémoire statistique sur la paroisse des Alleuds,
   fourni à l'élection de Saint-Maixent, vers 1735.
   (Signé : Alfred Richard.) — *Melle, impr. de C. Moreau* (1866). In-8°, 4 p.

   (Extrait non spécifié de *le Mellois*, n° du 8 juillet 1866.)

9. Lettres patentes de Louis XIV en faveur des bénédic-
   tines de la Mothe-Saint-Héraye. (Signé : Alfred
   Richard.) — *Melle, impr. de C. Moreau* (1866).
   In-8°, 3 p.

   (Extrait non spécifié de *le Mellois*, n° du 10 juin 1866.)

10. Bibliographie. Armorial du Poitou... publié par
    A. Gouget. (Signé : Alfred Richard.) — *Melle, impr.
    de C. Moreau* (1866). In-8°, 5 p.

    (Extrait non spécifié de *le Mellois*, n° du 8 juillet 1866.)

11. Célébration à Niort de la paix de Ryswick, le 2 février 1698. (Signé : Alfred Richard.) — *Melle, impr. de C. Moreau* (1866). In-8°, 8 p.

(Le titre de départ porte : *Relation des réjouissances qui accompagnèrent la publication à Niort de la paix de Ryswick en 1698.* — Extrait non spécifié de *le Mellois*, n° du 18 novembre 1866.)

12. Sur un tabernacle du xviie siècle sculpté par Le Pilleur et Périer pour l'église de Guéret.

Institut des provinces de France. Assises scientifiques de Limoges, 1867, p. 165-169.

13. Vérification de privilèges par l'élection de Niort, de 1627 à 1638. Seconde partie. (Signé : Alfred Richard.) — *Melle, impr. de C. Moreau* (1867). In-8°, 18 p.

(Extrait non spécifié de *le Mellois*, n°° des 17, 24 mars et 14 avril 1867.) — Cf. n° 5.

14. Archives seigneuriales du Poitou. Inventaire analytique des archives du château de la Barre, par Alfred Richard,.... — *Saint-Maixent, impr. de C. Reversé ; Paris, Dumoulin ; Niort, Clouzot,* 1868, 2 vol. in-8°, ccv-287 et 504 p.

(Le château de la Barre est situé dans la commune de Menigoute [Deux-Sèvres].)

15. La mairie de Saint-Maixent procurait-elle la noblesse ?

Revue de l'Aunis, de la Saintonge et du Poitou, t. vii (1er semestre 1868), p. 19-24.

16. Notice biographique et bibliographique sur Jouyneau-Desloges, premier journaliste du Poitou [1736-1816], par M. Alfred Richard,... — *s. l.* (1870). In-8°, 18 p.

(Extrait du *Bull.* de la Société des antiquaires de l'Ouest, 1re série, t. xii (1868-70), p. 425-442.

17. Recherches sur l'organisation communale de la ville de Saint-Maixent jusqu'en 1790, suivies de la liste authentique des maires et échevins et accompagnées de pièces justificatives, par M. Alfred

Richard,... — *Poitiers, impr. de A. Dupré*, 1870.
In-8°, 248 p., pl.

(Le faux-titre porte : *Etudes Saint-Maixentaises. I.* — Extrait des
Mém. de la Société des antiquaires de l'Ouest, 1re série,
t. xxxiv (1869), p. 267-507.) — Cf. n°s 29 et 30.

Compte rendu par Louis Lévesque, *la Sèvre*, n°s des 19, 26 avril.
3 et 10 mai 1873.

18. Quelques mots au sujet des armoiries de la ville de
Melle. (Signé : Alfred Richard.) — *Melle, impr. de
E. Lacuve* (1871). In-8°, 7 p.

(Extrait non spécifié de *le Mellois*, n° du 9 juillet 1871.)

19. Notice sur Jehan Du Cezier, écrivain moraliste du
xviie siècle, par M. Alfred Richard,... — *Poitiers,
impr. de A. Dupré*, 1873. In-8°, 12 p.

(Extrait du *Bull.* de la Société des antiquaires de l'Ouest, 1re série, t. xiii (1871-1873), p. 410-419.

Compte rendu par Henri de Fonbrune, *la Sèvre*, n° du 29 novembre 1873.

20. [Allocution prononcée à la séance du 21 janvier 1875,
de la Société des antiquaires de l'Ouest, en prenant
possession du fauteuil de la présidence.]

Bull. de la Société des antiquaires de l'Ouest, 1re série, t. xiv
(1874-76), p. 150-153.

21. Note sur quelques enseignes de pèlerinages, par
M. Alfred Richard,... — *Poitiers, impr. de A. Dupré*,
1875. In-8°, 7 p., fig.

(Extrait du *Bull.* de la Société des antiquaires de l'Ouest, 1re série,
t. xiv (1874-76), p. 185-190.)

22. Mémoire statistique sur l'élection de Saint-Maixent,
dressé en 1698, par Samuel Lévesque, et complété
par les rapports des receveurs des tailles, Antoine
et Jean Garran, de 1728 à 1766, publié par Alfred
Richard,... — *Niort, L. Clouzot*, 1875. In-8°, 190 p.

(Extrait des *Mém.* de la Société de statistique. belles-lettres,
sciences et arts du département des Deux-Sèvres, 2e série,
t. xiii (1873-74), p. 1-190.)

23. Les Colliberts. Etude lue à la séance publique
annuelle de la Société des antiquaires de l'Ouest,

— 203 —

le 7 janvier 1876, par M. Alfred Richard,... —
Poitiers, impr. de A. Dupré, 1876. In-8°, 45 p.

(Extrait des *Mém.* de la Société des antiquaires de l'Ouest,
1re série, t. xxxix (1875), p. 3-45.)

24. Rapport sur la découverte d'une crypte dans l'église
de Saint-Léger de Saint-Maixent (Deux-Sèvres),
par A. Richard,... — *Tours, impr. de P. Bouserez,*
1877. In-8°, 22 p., pl. et fig.

(Extrait du *Bull. mon.,* 5e série, t. iv (1876), p. 845.)

25. Livre de prières attribué à Anne de Bretagne.
Bibliothèque de l'Ecole des chartes, t. xxxviii (1877), p. 389-393.)

26. Les œuvres de Jean Drouhet, maître apothicaire à
Saint-Maixent... (1660-1673). Nouvelle édition, avec
notice et commentaires par M. Alfred Richard,...
— *Poitiers, E. Druineaud,* 1878. In-8°, 215 p.

27. Cartulaire de la Châtille [Vienne, commune de
Béthines], 1234-1239, publié par M. Alfred
Richard,... — *Poitiers, impr. de H. Oudin frères,*
1878. In-8°, 72 p.

(Extrait des *Arch. hist. du Poitou.* t. vii (1878), p. 1-72.)

28. Note sur trois gardes de la librairie du roi du nom
de Sauzay (vers 1420-1522), par M. Alfred
Richard,... — *Poitiers, impr. de A. Dupré,* 1878.
In-8°, 15 p.

(Extrait du *Bull.* de la Société des antiquaires de l'Ouest,
2e série, t. 1er (1877-79), p. 329-341.)

29. Etude critique sur les origines du monastère de
Saint-Maixent. En quel lieu il a été édifié ; son
premier nom, par M. Alfred Richard,... — *Saint-
Maixent, impr. de C. Reversé,* 1880. In-8°, 47 p.

(Le faux-titre porte : *Etudes Saint-Maixentaises: II.* — Cf. nos 17
et 30.

Compte rendu ANONYME, *Revue historique,* t. xv (1881), p. 505-506 ;
— Reproduit dans la *Revue de l'Ouest,* n° du 12 mars 1881.

30. Le château de Saint-Maixent, par M. Alfred
Richard,... — *Poitiers, imprimerie générale de
l'Ouest,* 1881. In-8°, 32 p., pl.

(Le faux-titre porte : *Etudes Saint-Maixentaises. III!* — Extrait
du *Bull.* de la Société des antiquaires de l'Ouest, 2ᵉ série, t. ɪɪ
(1880-82), p. 174-201.) — Cf. nᵒˢ 17 et 29.

31. Note sur deux monnaies mérovingiennes et autres
pièces données au musée [de la Société] des antiquaires de l'Ouest, par le R. P. de la Croix : par
M. Alfred Richard,... — *Poitiers, imprimerie générale de l'Ouest* (1881). In-8°, 5 p., fig.

(Extrait du *Bull.* de la Société des antiquaires de l'Ouest,
2ᵉ série, t. ɪɪ (1880-82), p. 286-290.)

32. Du nom de la ville de *Bressuire*, par M. Alfred Richard,... — *Poitiers, imprimerie générale de l'Ouest,*
1881. In-8°, 9 p.

(Extrait du *Bull.* de la Société des antiquaires de l'Ouest,
2ᵉ série, t. ɪɪ (1880-82), p. 307-315.)

33. Note sur un denier inédit de Charenton et quelques
autres monnaies du xɪɪɪᵉ siècle, par M. Alfred
Richard,... — *Poitiers, imprimerie générale de
l'Ouèst,* 1882. In-8°, 12 p., fig.

(Extrait du *Bull.* de la Société des antiquaires de l'Ouest,
2ᵉ série, t. ɪɪ (1880-82), p. 409-420.)

34. Notice sur M. Rédet [1807-1881]. (Signé : A. Richard.)
— *Poitiers, imprimerie de Oudin* (1881). In-8°, 11 p.

(Extrait des *Arch. hist. du Poitou,* t. x (1881), p. xɪ-xxɪ.)

35. Nécrologie : M. Apollin Briquet [1801-1881]. (Signé :
A. R.) — *Poitiers, impr. de Oudin* (1881). In-8°, 4 p.

(Extrait du *Courrier de la Vienne.* nᵒ du 6 octobre 1881.)

36. Inventaire des archives de la ville de Poitiers, partie
antérieure à 1790, dressé en 1842, par feu M. L.
Rédet,... et publié en 1883 par la Société des antiquaires de l'Ouest, avec le concours du Conseil
municipal de Poitiers, et par les soins de M. Richard,... et de M. Ch. Barbier,... — *Poitiers, impr.
de Tolmer,* 1883. In-8°, 385 p.

(Extrait des *Mém.* de la Société des antiquaires de l'Ouest,
2ᵉ série, t. v (1882), en entier.) — « Le discours de M. Le-

dain (1) peut être considéré comme l'*Introduction* la plus
utile qui put être placée en tête de l'œuvre de Alfred Richard
et Barbier » (*Revue poitevine et saintongeaise*, t. I (1884-85),
p. 79).

37. Dom Chamard. La victoire de Clovis en Poitou et
les légendes de saint Maixent. — *Paris* (1883).
In-8°, 35 p.

(Extrait de la *Revue des Questions historiques*, 1883, p. 5-25. —
A la suite : Réponse de Alfred Richard [extrait *ibid.*, p. 609-
623] ; — Réplique de dom Chamard [extrait *ibid.*, p. 624-627].

38. Inventaire-sommaire des archives départementales
antérieures à 1790, rédigé par MM. Louis Rédet et
Alfred Richard,... Archives ecclésiastiques. Série G. Tome Iᵉʳ. — *Poitiers, impr. de Tolmer*, 1883.
In-8°, xv-266 p.

39. Le manuscrit n° 51 de la Bibliothèque de Poitiers
a-t-il eu un caractère officiel ? par M. Alfred
Richard. — *Poitiers, impr. de Tolmer*, 1884. In-8°,
10 p.

(Extrait du *Bull.* de la Société des antiquaires de l'Ouest,
2ᵉ série, t. III (1883-85), p. 297-306.)

40. [Les fouilles de Nanteuil, près de Saint-Maixent.
Compte rendu des découvertes faites jusqu'au
29 mai.]

Courrier de la Vienne, n° du 4 juin 1885.

41. Inventaire-sommaire des archives départementales
antérieures à 1790. Creuse. Archives civiles.
Séries C complément, D et E (première partie), par
MM. A. Bosvieux, A. Richard, L. Duval et F. Au-
torde. — *Paris, P. Dupont*, 1885. In-fol.

(Collection des inventaires-sommaires des archives départementales antérieures à 1790.)

42. Chartes et documents pour servir à l'histoire de

____

(1) *Des origines de la commune de Poitiers* (*Mém.* de la Société des
antiquaires de l'Ouest, 2ᵉ série, t. v (1882), p. III-XXVII. — Reproduit
dans le *Courrier de la Vienne* et tiré à part : *Poitiers, impr. de
H. Oudin*, 1883. In-12, 30 p.

l'abbaye de Saint-Maixent, publiés par M. Alfred
Richard. — *Poitiers, impr. de Oudin,* 1886. 2 vol.
in-8°, cxxiii-384 et 627 p., 2 plans et une carte hors
texte.

(Extrait des *Arch. hist. du Poitou.* t. xvi et xviii (1886) en entier.)
Comptes rendus de cet ouvrage : P. GUÉRIN, *Bibliothèque de
l'Ecole des chartes,* t. l (1889), p 126-127 ; — Louis LÉVESQUE,
Revue poit. et saint., t. iv (1887-88), p. 310-313 et t. v
(1888-89), p. 112-114 ; — Henri STEIN, *Revue historique,* t. xli
(1889), p. 416-417.

43. Note sur quatre abbés poitevins du nom de Billy.
Rectification du *Gallia Christiana,* par M. Alfred
Richard,... — *Poitiers, imprimerie générale de
l'Ouest,* 1886. In-8°, 21 p.

(Extrait du *Bull.* de la Société des antiquaires de l'Ouest,
2ᵉ série. t. iv (1886-1888), p. 118-138.)

44. L'inscription des Chaillé aux Cordeliers de Poitiers
par M. Alfred Richard,... — *Poitiers, imprimerie
générale de l'Ouest,* 1887. In-8°, 5 p.

(Extrait du *Bull.* de la Société des antiquaires de l'Ouest,
2ᵉ série, t. iv (1886-88), p. 295-299.)

45. Note sur une trouvaille de monnaies baronnales
[des xiiᵉ et xiiiᵉ siècles faite à Gençay, en 1885].

Bull. de la Société des antiquaires de l'Ouest, 2ᵉ série. t. iv
(1886-88), p. 521-524.

46. Conférence d'histoire du Poitou. [Leçon d'ouverture,
le mercredi 7 décembre 1887.]

Bull. mensuel de la Faculté des lettres de Poitiers, 1887, p. 365-
373. — Cette conférence a été analysée dans la *Revue poit. et
saint.,* t. iv (1887-88), p. 254-256.

47. Molière à Poitiers en 1648 et les comédiens dans
cette ville de 1646 à 1658, par M. E. Bricauld de
Verneuil,... Publié par M. Alfred Richard,... avec
une notice biographique sur l'auteur. — *Paris,
H. Lecène et H. Oudin,* 1887. In-8°, 60 p.

(La notice biographique sur E. Bricauld de Verneuil, écrite par
Alfred Richard, comprend les pages 5 à 13.)

48. [Résumé de la leçon du cours d'histoire du Poitou

de M. Alfred Richard, consacrée à *la bataille de Vouillé.*]
Bull. mensuel de la Faculté des lettres de Poitiers, 1888, p. 62-66. — Cf. n°° 77 et 93.

49. Notes pour servir à la bibliographie des Etats généraux de 1789 en Poitou, par M. Alfred Richard,.... — *Melle, impr. de E. Lacuve,* 1888. In-8°, 31 p.
(Extrait de la *Revue poit. et saint.*, t. v (1888-89), p. 257-282. — Cette bibliographie a été complétée par MM. H. et P. Beauchet-Filleau : *Nouvelles notes pour servir à la bibliographie des Etats généraux de 1789 en Poitou,* dans la *Revue poit. et saint.*, t. vii (1890), p. 33-36.)

50. Les chartes de la commanderie du Sauze [Deux-Sèvres, commune de Clavé], 1208-1238.
Arch. hist. du Poitou, t. xx (1889), p. 220-232.

51. M. G. Lecointre-Dupont [1809-1888]. (Signé : Alfred Richard.) — *Màcon, impr. de Protat frères* (1889). In-8°, 6 p.
(Extrait de la *Revue numismatique*, 1889, p. 147-153.)

52. Epigraphie poitevine. Marques de potiers et petites inscriptions gallo-romaines, par M. Alfred Richard,... — *Poitiers, impr. de Blais, Roy et Cie,* 1890. In-8°, 77 p., pl.
(Extrait des *Mém.* de la Société des antiquaires de l'Ouest, 2e série t. xii (1889), p. 1-78.)

53. Allocution prononcée par M. Alfred Richard, président de la Société des antiquaires de l'Ouest, à la séance du 15 janvier 1891. — *Poitiers, impr. de Blais, Roy et Cie,* 1891. In-8°, 7 p.
(Extrait du *Bull.* de la Société des antiquaires de l'Ouest, 2e série, t. v (1889-91), p. 403-409.)

54. [La Préfecture et l'Hôtel de ville de Poitiers.]
Paysages et Monuments du Poitou photographiés par Jules Robuchon. Vienne, t. 1er (1890), p. 172-176, pl.

55. Inventaire-sommaire des archives départementales antérieures à 1790, rédigé par Louis Rédet et Alfred Richard,... Vienne. Archives civiles, séries

A. B. C. D. Tome Ier. — *Poitiers, impr. de Blais, Roy et Cie*, 1891. In-fol., CLVI-2-90-158-35 et V p.

(Collection des inventaires-sommaires des archives départementales antérieures à 1790.)

56. Notice sur les archives du département de la Vienne, 1790-1890, par M. Alfred Richard,.. — *Poitiers, impr. de Blais, Roy et Cie*, 1891. In-fol., CXLVII p.

(Extrait de l'*Inventaire-sommaire des archives départementales de la Vienne antérieures à 1790. Archives civiles, tome Ier.*) – Cf. n° 55.

Compte rendu par H. CARRÉ, *La Révolution française*, t. XXI (1891), p. 556.

57. Notice historique et archéologique sur l'église Saint-Hilaire-le-Grand de Poitiers, par M. A. de la Bouralière. (Extrait des *Paysages et Monuments du Poitou*.) Deuxième édition, augmentée d'une lettre de M. Alfred Richard. — *Fontenay-le-Comte, impr. de Baud*, 1891. In-4°, 38 p., pl. et fig.

L'appendice est formé par une lettre de Alfred Richard, qui comprend les p. 31 à 38, sur la question suivante : *A quelle époque vivait Gautier Coorland ?* (Cf. Jos. Berthelé, *L'église Saint-Hilaire de Poitiers et sa restauration au XIIe siècle*, dans la *Revue poit. et saint.*, t. X (1893), p. 390-392.)

58. Notes sur les rapports du duc de Berry avec le Poitou, de 1374 à 1377.

Revue poit. et saint., t. X (1892), p. 136-144.

59. Saint-Maixent, La Villedieu-de-Comblé et Cherveux.

Paysages et Monuments du Poitou photographiés par Jules Robuchon. Deux-Sèvres, t. VI (1892), p. 1-42, pl. et grav.

60. Un passeport protestant [délivré] en 1681 [par les ministres et les anciens du consistoire de Saint-Maixent]. (Signé : Alfred Richard.) — *Poitiers, impr. de Blais, Roy et Cie* (1893). In-8°, 3 p.

(Extrait du *Bull.* de la Société des antiquaires de l'Ouest 2e série, t. VI (1892-94), p. 129-130.)

61. Critique littéraire. Remarques sur les *Souvenirs de*

Mme de Caylus. (Signé : Alfred Richard.) — *Poitiers,
impr. de Millet et Pain* (1893). In-8°, 13 p.

(Extrait du *Bull.* mensuel de la Faculté des lettres de Poitiers,
n° d'octobre 1893.)

62. Alfred Richard. Observations sur les mines d'argent et l'atelier monétaire de Melle. — *Paris,
C. Rollin et Feuardent,* 1893. In-8°, 32 p., fig.

(La couverture imprimée sert de titre. — Extrait de la *Revue
numismatique,* année 1893.)

63. Compte rendu du *Catalogue des monnaies françaises
de la Bibliothèque nationale. Les monnaies mérovingiennes, par M. Maurice Prou.*
Revue numismatique, 1893, p. 435-443.

64. Abrégé de ce qui s'est passé touchant la réformation
de la royale abbaye de Saint-Maixent.
Le Saint-Maixentais, n° du 25 août 1894.

65. Les armoiries du comté de Poitou; par M. Alfred
Richard,... — *Poitiers, impr. de Blais, Roy et Cie,*
1895. In-8°, 29 p., pl.

(Extrait des *Mém.* de la Société des antiquaires de l'Ouest,
2ᵉ série, t. xvii (1894), p. 432-458.)

66. Bibliographie. La maison de Craon, 1050-1480. Etude
historique accompagnée du Cartulaire de Craon,
par Bertrand de Broussillon. (Signé : Alfred
Richard.) — *Saint Maixent, impr. de C. Reversé,*
1894. In-8°, 8 p.

(Extrait de la *Revue poit. et saint.,* t. xi (1894), p. 180-187.)

67. L'inscription du reliquaire de la Chapelle Saint-Sixte
à la cathédrale de Poitiers.
Courrier de la Vienne, n° du 5 décembre 1894. — Reproduit dans
la *Semaine religieuse du diocèse de Poitiers,* 1894, p. 787-788.

68. Saint-Maixent.
Annuaire administratif, judiciaire, religieux, militaire, commercial et industriel des Deux-Sèvres pour l'année 1895, p 587-590.
— Reproduit dans le même *Annuaire* pour l'année 1896
p. 616-619.

69. Les Taifales, la Theifalie et le pays de Tiffauge, par

M. Alfred Richard,... — *Poitiers, impr. de Blais et. Roy* (1896). In-8°, 23 p. et une carte.

(Extrait du *Bull.* de la Société des antiquaires de l'Ouest, 2ᵉ série, t. vii (1895-97), p. 419-441.) — Cf. nᵉ 71,

70. Les armoiries de l'Université de Poitiers, par M. Alfred Richard,... — *Poitiers, impr. de Blais et Roy,* 1897. In-8°, 23 p., pl.

(Extrait du *Bull.* de la Société des antiquaires de l'Ouest, 2ᵉ série, t. vii (1895-97), p. 518-536.)

71. Chantoceaux et les Tiffailles. Réfutation de l'écrit de M. Lièvre, intitulé : *Austrapius et les Taifales du Poitou,* par M. Alfred Richard,... — *Poitiers, impr. de Blais et Roy,* 1898. In-8°, 39 p.

(Extrait du *Bull.* de la Société des antiquaires de l'Ouest, 2ᵉ série, t. vii (1895-97), p. 670-706.) — Cf. n° 69.

72. Poésies de Jean Babu, curé de Soudan, sur la ruine des temples protestants de Champdeniers, d'Exoudun, de la Mothe-Saint-Héray (1663-1682), publiées avec notices, commentaires et pièces justificatives, par M. Alfred Richard,... — *Poitiers, P. Blanchier,* 1896. In-8°, 149 p., pl.

Dans sa notice sur Jean Babu, p. 19, Alfred Richard, parlant de la *Doleonce d'in huguenot [d'Exoudun] sur le pidou estat de lou Tomple,* dit : « Celle-ci avait jusqu'à ce jour échappé à tous les regards, quand nous l'avons rencontrée par hasard en feuilletant le bel exemplaire de la *Gente Poitevin'rie* que possède M. Arthur Labbé... » Cette assertion est inexacte ; la *Doléonce* est rarissime, mais elle a été signalée par Charles Nodier, en 1844. (Cf. Compte rendu par Alphonse Farault, *Revue poitevine et des confins de la Touraine et de l'Anjou,* t. xiii (1896), p. 344-345.)

73. Les armoiries de l'Université de Poitiers. Lettre de M. Richard,... à M. Deméré, président du tribunal civil de Montmorillon.

L'Avenir de la Vienne, n° du 28 mars 1897.

74. Note sur une trouvaille de pièces de billon, des xvᵉ et xviᵉ siècles.

Revue numismatique, 1897, p. 74-77.

75. Les maires de Poitiers, par M. Bélisaire Ledain ;

publié par M. Alfred Richard, avec une introduction.

Mém. de la Société des antiquaires de l'Ouest, 2ᵉ série, t. xx
(1897), p. 215-774.

76. Notice sur Bélisaire Ledain [1832-1897], lue à la
Société des archives historiques du Poitou, séance
du 18 novembre 1897, par M. Alfred Richard,... —
Poitiers, impr. de Oudin et Cⁱᵉ, 1898. In-8º, 19 p.

(Extrait des *Arch. hist. du Poitou,* t. xxviii (1898), p. v-xxi.)

77. La bataille de Vouillé en 507, réponse au mémoire
de M. Lièvre, par M. Alfred Richard,... — *Poitiers,
impr. de Blais et Roy,* 1898. In-8º, 50 p. et une carte.

(Extrait du *Bull.* de la Société des antiquaires de l'Ouest,
2ᵉ série, t viii (1898-1900), p 20-67. — Cf. *Le lieu de la rencontre des Francs et des Wisigoths, sur les bords du Clain, en
507,* par M. Lièvre, dans la *Revue historique,* t. lxvi (1898), p
90-104, avec une carte.) — Cf. nᵒˢ 48 et 93.

78. Trouvaille de pièces d'or à Brigueil-le-Chantre.
Rapport adressé à M. le Préfet de la Vienne par
M. Alfred Richard,... — *Poitiers, impr. de Blais et
Roy,* 1900. In-8º, 10 p.

(Extrait du *Bull.* de la Société des antiquaires de l'Ouest,
2ᵉ série, t. viii (1898-1900), p. 536-539.)

79. Note sur un *Album amicorum* du xviᵉ siècle. (Signé :
Alfred Richard.) — *Paris, Plon-Nourrit et Cⁱᵉ,* 1901.
In-8º. 3 p., pl.

(Extrait de la *Réunion des Société des beaux-arts des départements,*
du *28 mai au 1ᵉʳ juin 1901. 25ᵉ session,* p. 496-498.)

80. Le psautier et les heures de Claude Goüflier.

Bull. de la Société des antiquaires de l'Ouest, 2ᵉ série, t ix
(1901-03), p. 142-144.

81. Relation de la découverte de la Minerve de Poitiers
le 20 janvier 1902, par M. Alfred Richard,... —
Poitiers, impr. de Blais et Roy, 1902. In-8º, 29 p.,
2 planches et un plan.

(Extrait du *Bull.* de la Société des antiquaires de l'Ouest,
2ᵉ série, t. ix (1901-03), p 302-328.)

82. Le livre d'heures de l'abbaye de Charroux, par

Mgr X. Barbier de Montault, avec notes de M. Alfred Richard. — *Poitiers, impr. de Blais et Roy,* 1903. In-8°, 26 p.

(Extrait du *Bull.* de la Société des antiquaires de l'Ouest, 2ᵉ série, t. ıx (1901-03), p. 400-423.)

83. Note sur une inscription du xıᵉ siècle [trouvée à Vouhé], par M. Alfred Richard,... — *Poitiers, impr. de Blais et Roy,* 1903. In-8°, 2 p

(Extrait du *Bull.* de la Société des antiquaires de l'Ouest, 2ᵉ série, t. ıx (1901-03), p. 470-471.)

84. Histoire des comtes de Poitou (778-1204), par M. Alfred Richard,... — *Paris, A. Picard et fils,* 1903. 2 vol. gr. in-8°, ıx-507 et 597 p.

Comptes rendus de cet ouvrage : Jean le Saintongeais, *Bull.* de la Société des archives historiques; revue de la Saintonge et de l'Aunis, t. xxıv (1904), p. 246-260, 330-355 et 405-429. [Tiré à part sous ce titre : Notes critiques sur l' « Histoire des comtes de Poitou » de M. Alfred Richard. (Signé : Jean le Saintongeais.) *La Rochelle, impr. de N. Texier et fils,* 1904. In-8°, 73 p.]; — P. Lauer, *Revue historique,* t. lxxxvııı (1905), p. 333-335 ; — J. Viard, *Bibliothèque de l'Ecole des chartes* t. lxvı (1905), p. 142-144 ; — Cf. Louis Halphen, *Revue historique,* t. xcıx (1908), p. 290 et t. cxxı (1916), p. 343.

85. Notice sur M. Anatole de Barthélemy [1821-1904], lue à la séance de la Société des antiquaires de l'Ouest du 21 juillet 1904, par M. Alfred Richard,... — *Poitiers, impr. de Blais et Roy,* 1904. In-8°, 6 p.

(Extrait du *Bull.* de la Société des antiquaires de l'Ouest, 2ᵉ série, t. x (1904-06), p. 136-141. — La couverture imprimée sert de titre.)

86. M. Lot et l'histoire du Poitou, par M. Alfred Richard,... — *Poitiers, impr. de Blais et Roy,* 1904. In-8°, 32 p.

(Extrait du *Bull.* de la Société des antiquaires de l'Ouest, 2ᵉ série, t. x (1904-06), p. 171-201.) — Cf. Etudes sur le règne de Hugues Capet et la fin du xᵉ siècle. Thèse présentée à la Faculté des lettres de l'Université de Nancy, par Ferdinand Lot,... — *Paris, E. Bouillon,* 1903. In-8°, xl-524 p., fac-similé.

87. Observations sur la réponse de M. Lot, par M. Alfred

Richard,... — *Poitiers, impr. de Blais et Roy,* 1905. In-8°, 24 p.

(Extrait du *Bull.* de la Société des antiquaires de l'Ouest, 2ᵉ série, t. x (1904-06), p. 293-314.) — Cf. Réponse à la défense de M. Alfred Richard, par M. Ferdinaud Lot (*Bull.* de la Société des antiquaires de l'Ouest, 2ᵉ série, t. x (1904-06), p. 271-292.)

88. [Censier et livre de raison de Guillaume de Monferault, dit Parseval.]

Bull. de la Société des antiquaires de l'Ouest, 2ᵉ série, t. x (1904-06), p. 336-337.

89. Rapport sur une découverte de monnaies des comtes de Poitou, par M. Alfred Richard,... — *Poitiers, impr. de Blais et Roy,* 1906. In-8°, 12 p., pl.

(Extrait du *Bull.* de la Société des antiquaires de l'Ouest, 2ᵉ série, t. x (1904-06), p. 534-545. — La couverture imprimée sert de titre.)

90. Abbaye de Vaux. (Réponse.)

L'Intermédiaire des chercheurs et curieux, t. li (1905), col. 576.

91. [Lettre de M. Alfred Richard,.. sur : le nom d'Aliénor.]

Revue historique, t. xc (1906), p. 77-80. — Cf. [Lettre de M. Paul Meyer, de l'Institut : Réponse à M. Alfred Richard] (*Revue historique,* t. xc (1906), p. 340-341).

92. Un diplomate poitevin du xvɪᵉ siècle. Charles de Danzay, ambassadeur de France en Danemark, par M. Alfred Richard,... — *Poitiers, impr. de Blais et Roy,* 1910. In-8°, 242 p.

(Extrait des *Mém.* de la Société des antiquaires de l'Ouest, 3ᵉ série, t. iii (1909), p. 1-241.)

93. [Communication sur *Un fait de l'histoire du Poitou. Où s'est livrée en 507 la bataille de Vouillé ?* par M. P. Roy, curé de Mougon ; publié dans la *Semaine religieuse du diocèse de Poitiers,* n° du 6 novembre 1910.]

Bull. de la Société des antiquaires de l'Ouest, 3ᵉ série, t. ii (1910-12), p. 150-156. — Cf. nᵒˢ 48 et 77.

94. Découverte d'un nouveau temple de Mercure à Poi-

tiers, par M. Alfred Richard,... — *Poitiers, impr. de Blais et Roy,* 1911. In-8°, 11 p., pl.

(Extrait du *Bull.* de la Société des antiquaires de l'Ouest, 3ᵉ série, t. ɪɪ (1910-12), p. 441-449.)

95. Alfred Richard. Notes biographiques sur les Bouchet, imprimeurs et procureurs à Poitiers au xvɪᵉ siècle. — *Poitiers, impr. de G. Roy,* 1912. In-8°, 20 p.

(Extrait non spécifié du *Bull.* de la Société des antiquaires de l'Ouest, 3ᵉ série, t. ɪɪ (1910-12), p. 544-561.)

96. Du caractère confessionnel des tombes mérovingiennes du Poitou, par M. Alfred Richard,... — *Poitiers, impr. de G. Roy,* 1912. In-8°, 43 p., pl.

(Extrait du *Bull.* de la Société des antiquaires de l'Ouest, 3ᵉ série, t. ɪɪ (1910-12), p. 589-630.)

97. Villon à Saint-Maixent, par Alfred Richard,... — *Poitiers, impr. de G. Roy,* 1914. In-8°, 11 p.

(Extrait du *Bull.* de la Société des antiquaires de l'Ouest, 3ᵉ série. t. ɪɪɪ (1913-15), p. 140-148.)

Bɪᴏɢʀᴀᴘʜɪᴇs : ɪ. Alfred Richard, par I. N. [Henri Gelin] (*Mémorial des Deux-Sèvres,* n° du 24 décembre 1914) ; — ɪɪ. Discours prononcé par M. P. Rambaud aux obsèques de M. Alfred Richard, le 22 décembre 1914 (*Bull.* de la Société des antiquaires de l'Ouest, 3ᵉ série, t. ɪɪɪ (1913-15), p. 221-223).

Aʟᴘʜᴏɴsᴇ FARAULT.

TABLE DES MATIÈRES

I

II

MÉMOIRES

www.ingramcontent.com/pod-product-compliance
Lightning Source LLC
LaVergne TN
LVHW012009170726
843503LV00001B/287